我们现在如何做父母

蔡朝阳 著

上海社会科学院出版社

目录

推荐序　美丽新世界　　　　　　　　　　　i

自序　无助的时刻，我想握紧你的手　　　vi

第一辑
我们现在如何做父母

我们现在如何做父亲　　　　　　　　　　3
爱的反面是控制　　　　　　　　　　　　9
家里的"大嗓门爸爸"　　　　　　　　　14
做父母，就是一场人生的修炼　　　　　　19
学区房，究竟有多重要　　　　　　　　　24
夫妻双方教育观不同怎么办　　　　　　　29
对原生家庭的几点理解　　　　　　　　　34
岳灵珊为何不爱令狐冲——再说原生家庭　39
郭靖与黄蓉的家庭教育难题　　　　　　　44
谈谈所谓的"丧偶式育儿"　　　　　　　49
你愿意孩子成为一枚"学渣"吗？　　　　54

第二辑

给你爱的人以尊严

给你爱的人以尊严	61
也说孩子们的"丧"	65
究竟多少收入,才能撑起孩子一个暑假	69
不玩电子游戏的小朋友不是合格的好学渣	76
孩子,去发现生活的可能	81
说说宠物式育儿和所谓的"妈宝男"	86
家长用尽"洪荒之力"只为了把孩子带到沟里	92
为何你对孩子的爱,恰恰伤害到了孩子	97
一看到乖孩子,我就想把他教坏	103
我想要每一个童年,都曾被温柔对待	109

第三辑
为什么我们的孩子不再刻苦了

童年的奥秘：我们都忘了自己曾经是个孩子　　115

为什么高考考完孩子们都爱撕书　　120

赵副所长正是何老师的好学生　　124

补课不如补玩　　129

孩子们不是学得太少，而是玩得太少　　132

谈"不能输在起跑线上"　　137

学习是如何发生的　　143

游戏才是更好的学习　　148

关于孩子写作业的10个药方　　153

您那么放任，您家娃学习成绩怎么样啊？　　158

如何培养孩子的阅读兴趣和阅读能力　　164

为什么我们的孩子不再刻苦了　　171

快乐抑或严苛，什么样的教育才是可能的？　　176

第四辑

最好的教育，
就是永不放弃自我的成长

《星球大战之绝地武士》：真正的学习是如何发生的　　183

《千与千寻》：孩子成长至为关键的时期父母
反而看不见　　188

中毒的爱：《小欢喜》中的三种家庭教育模式　　192

论《权力的游戏》中史塔克家族的家庭教育问题　　198

《冰雪奇缘 2》：最好的教育，就是永不放弃
自我的成长　　206

《都挺好》：他们从来没有学会为自己的人生负责　　210

控制、独占、毁灭：《包宝宝》中蕴含的中国式
家庭关系的恐怖真相　　215

其实，哪吒只是缺少一场为期 12 天的海洋夏令营　　220

跋　父母的觉醒——兼谈泛 70 后父母的时代使命　　226

推荐序

美丽新世界

我也算是蔡老师的学生。

今年春天,因为疫情被困家中,在日日捧着手机刷感染人数的日子里,我报名了蔡老师的"古文九十九"。于是,每天午饭后,在卧室洒满明亮亮的阳光的时候,我就会坐在书桌前听蔡老师讲古文。

需要说明一下,这原本是蔡老师为孩子做的课,我自觉古文功底太差,想跟着补补课。但我听着听着,女儿游游就凑过来了。不但和我一起听,还拿了个本子,写写画画地做笔记,记下了庄子和惠子如何抬杠,记下了"自拔快刀,切绿沉西瓜"的痛快,记下了陶渊明的"欣然忘食",也记下了张岱"之人耶有用没用"的意味深长。

一直以来，对所有冠以"课"之名的内容，游游的第一反应都是拒绝。只有蔡老师的课，她不反感。这大概是因为再早前，她听过蔡老师讲"小学生涯必须知道的七件事儿"。曾有很长一段时间，蔡老师解说"孩子为什么要上学"、"为什么要写回家作业"、"如何交朋友"……的温和的声音，成为我们开车带游游出门时，她指定的路上节目。有些段落，游游反复听过很多遍，每次听，都抚掌大乐。

我特别佩服蔡老师的一点就是，他为孩子做的事，总能完美对接孩子的世界。之所以如此，我想是因为，蔡老师"懂得"。

他懂得孩子，懂得他们的顽皮与好奇，也懂得他们的烦恼与困苦。是的，困苦。蔡老师说："大家常说童年无忧无虑，我却说这个说法是错的，童年的艰难远超我们的想象。"而我很喜欢的一位儿童心理学家，也在他的书里这样写——

成人总认为，"童年"就应该满是快乐和幸福。然而我们搞错了（或者忘记了），真正的童年是各种元素的混合，不仅有好奇、兴奋和幻想，而且还有恐惧、愤怒和悲伤。

因为懂得童年之艰，蔡老师对孩子，始终待之以最大的温柔。这种温柔不是空洞的碎碎念，而是实实在在为儿童着想的努力。我一直关注蔡老师这些年做的游学和营队活动，看他带孩子们去潜水,去滑雪,去漂流,在山顶读诗,在星空下听民谣。他真的是拼尽全力,为孩子们创造并坚守一个神采飞扬的、可以活泼泼自由生长的童年。

为守护童年,蔡老师做的另一件重要的事是——在家庭教育领域持续不断地思考,并与家长们恳切地对话。他定位自己是"儿童服务者",但是他说:"在每一个儿童身上,我却分明看到了他们背后站着的父母和家庭。"

没有人会质疑父母与家庭在个人成长过程中的重要性。但我们这些父母多数会面临这样两个难题:

其一,过往复杂难言,我们多多少少都受过家庭的伤,却不知道(甚至并没有意识到)如何能打破循环,避免在孩子身上重复同样的伤害。

其二,未来变化难测,我们如何以今日有限的经验,为孩子装备适应未来的"武器"?

对此,蔡老师的回答是:"我们要重视家庭教育。而家庭教育中最重要的,就是要做好自我的本分。"

父母的本分是什么?

其一是父母要给与孩子足够的爱、无差别的爱,其二是让孩子顺着自己的本性成长。

做到这一点,其实特别不容易。心理学上讲,人的焦虑往往来源于"失控"。让孩子顺着自己的本性成长,是放手,也是"失控",往往会引发父母巨大的焦虑。怎么办?蔡老师对"我们现在如何做父母?"的思考,都指向父母的自我成长。

他自己就在身体力行这样的成长。蔡老师说:"因为成了父亲,我前所未有地明白了生命的真谛,拓展了生命的宽度。"他将自己在这个过程中的所思所得,诚恳地摊开来,与更多父母分享。

我就是这种分享的受益者。

我是个妈妈。早在成为妈妈之前很多年,我一直在育儿媒体工作,读过非常多养育类的书籍,接触过各种各样的育儿理论。即便如此,当得知自己怀孕时,仍张皇失措,在笔记里写道:"像我这样一个稀里糊涂、生活能力差、内心脆弱、对未来从来没有规划的人,怎么有能力为另一个人负责?"

而在蔡老师的书里我读到:

我们这些带伤的成年人,用什么疗愈自己?用阅读,用反思,用自我追寻……因为育儿,我看到了那个本来在幽暗深处的自己,那个胆小、羞怯、自卑、伤痕累累的孩子。因为当了父亲,我突然就有能力看到自己了,也有力量安慰自己,并且反思、克服自己的弱点,努力将一个更加阳光、开朗、平等、自由的家庭,给予孩子。

在养育女儿的过程中,我一路跌跌撞撞,时常忧心忡忡。

夜里睡不着的时候会想："我是走在对的路上吗？"

蔡老师说："那些懂得自我认识，能够自我反思的父母，大多数都是有益的父母吧。理解了孩子，便理解了自我；理解了自我，有助于我们成为一个真正意义上的成年人，从而才有可能将更好的世界呈现给孩子们。"

这样的文字，为我，我相信也能为很多父母驱散焦灼，寻回力量，成长的力量。

说到底，我们能努力掌控的，只有自己。面对"如何做父母"这个难题，需要低头思考的其实是——

我该如何做自己？

我想怎样过生活？

而蔡老师的这本书，就温柔地陪着每一位父母，去寻求自己内心的答案。

蔡老师在自己的文章里，反复提起的一句话是："我想要每一个童年，都曾被温柔对待。"由此，我想到美国当代亲子教育学者帕姆·雷奥女士的一句话：我们如何对待孩子，孩子就如何对待世界。

想一想吧，在我们的手里，将要诞生怎样一个美丽新世界呢？

钟 煜

游戏力工作室主编，资深育儿媒体人

自 序

无助的时刻，我想握紧你的手

我有很多次线下分享家庭教育的经历，座中有各个年龄段的家长。很多次，有的家长听着听着便热泪盈眶，甚至泪不能禁。他们跟我说："蔡老师，你触动到我内心最柔软的地方了。"

我真不是故意煽情，而是确实这么想，也一直这么做，便也这么说。如果有人恰好能共情，我想那是因为我们有着相似的经历，也有着相似的情感体验。

在做父亲这件事上，我一直战战兢兢，然而也是诚诚恳恳。这件事是世上最艰难的事，也是最见出你诚意之事。我一生讨厌鸡汤，但是唯有育儿鸡汤，我愿意干完三大碗，比如，在家庭教育这件事上，我乐意听到"陪伴是最长情的告白"这样的话。

当然，我们也都曾希望有一种包治百病的良药，或者成功学独门秘籍，如是我闻，从此在家庭教育这条道路上便一帆风顺，家庭则母慈子孝，夫妻则相敬如宾，孩子则学业有成。

但是，一般而言，这都是不太可能的奢望。因为，人是世界上最麻烦的动物，教育是世界上最复杂的事业，而亲子关系则是世界上最纠缠的关系。我们怀着最为良好的初心，有时候，收获的却可能是各种支离破碎。

我见过很多种亲子之间纠结的场面，一方面孩子多有埋怨父母，一方面父母也感到委屈。我们很多做父母的人想破了脑壳也预料不到的是：我为你做了任何可以做出的牺牲，为何你却不领情？

我曾经看过很多次，老母亲因为对孩子无能为力而伤心哭泣的场面。我很想帮她们，这也是我为什么最终会致力于家庭教育的深层原因之一。

一、从丁克主义到资深奶爸

在我年轻时，一直不想有孩子。理由是，我这么多毛病，怎么可能成为一个称职的父亲？当然，我后来还是成了一个父亲，这也是理性选择的结果，我为我的理性选择负责。

果然，我成了一个并不那么称职的父亲。尽管我很用力想把父亲这个身份安顿好，然而，"用力"本身可能也并不是一种很好的状态。

为什么很用力？因为，我太想做一个好爸爸了，不想成为那种令人讨厌的父亲。

讨厌什么呢？

比如，有一条底线，就是家庭暴力。绝不可以对孩子动手。理由很简单，你想动手，那有种你去找比你长得更壮实的成年人啊，比如拳击选手。跟孩子动手算什么英雄。

再比如，我不想让孩子成为我的复制品。这个世界上，最大的诅咒就是"长大后我就成了你"。虽然，在我们身上，确实会有无数父辈的印记，但是，我们这代人的可能性在于，我们很可能超越我们的父辈，我们清楚知道这些印记，包括那些优良的品质，也包括那些负面的影响。还有，那些看来微不足道，其实颇有意味的部分，我愿意与之和平相处。

再比如，我想让孩子的童年被人温柔对待。这样，他的一生不管怎么样，他童年所体会到的善意，总可以温暖照亮他的前程。

以上三条，我基本上可以给自己打个及格分。但是，做父亲不是一件全方位的事情吗？仅仅做好了这么三条，是不是意味着你可能在更多的事情上犯了错误呢？

最令我难受的是，我曾经对着孩子大喊大叫，就像知名绘本《大嗓门爸爸》里那样。这是我至今无法释怀的一件事。

尽管现在不对孩子吼叫了，但是每次想起当时自己的情绪失控，用语言暴力凌虐孩子，我背上就冒冷汗，心里非常难受。即便现在写这篇文章，心里还是堵得慌。尽管，我已经就这件事，正式向孩子道过歉。

现在，我家里的那个孩子，已经进入青春期了。回望十几年的陪伴，我发现，尽管自己很用力，还是有不少遗憾，包括用力本身也是一种遗憾，便会经常自责。

但我又安慰自己，孩子自有自己的修复机制，他能建立自己的平衡。而且谁做父母，又是天生完美的呢？我们要接纳自己的错误，并跟孩子坦诚相待。

有一年，我跟孩子一起看韩剧《请回答1988》，剧里的爸爸跟女儿道歉，因为他们总是不把女儿的生日当回事。这个爸爸坐在女儿身边，一边拉着女儿的手，一边说："爸爸也是第一次做爸爸啊，请你原谅我。"看这个剧情的时候，我被感动得泪流满面。

然而，就在这样的磕磕绊绊中，在这些日常生活的柴米油盐中，我们与孩子一起成长。孩子终将成为独立的个体，而我们也得以从陪伴中，收获自我成长的养分。

尽管遗憾不少，我仍不惮于一再自称是资深奶爸，也是因为，在育儿这件事上，我也感受到了自我的成长。

二、拥抱你内在的孩子

我曾经做过一个演讲，题目是：那些孩子教会我的事。孩子教会了我爱是什么。孩子的到来，让我重塑了看待世界的眼光。因为成了父亲，我前所未有地明白了生命的真谛，拓展了生命的宽度。

这是我之前从来没有想过的，原来，世界的真相就在亲子相处中。这也是我一再引用华兹华斯的诗句"孩子是成人之父"这句名言的原因。

我写过一篇文章，叫作《育儿是一次自我疗愈的旅程》。这个想法乍一听感觉很自私，好像育儿成了手段，目的是治愈我们自己。其实不然，只有当我们认识了自我之后，才会成为更好的父母。

比如在育儿的过程中，父母会有很多过不去的坎，其实，只是父母在跟自己过不去。因为你在孩子身上，投射了很多自己的情感，会不由自主地将孩子看成一种自我实现的工具。这样的看法，使得我们忘掉了孩子原本是他自己的。这也是我为什么总喜欢说"爱你所爱，如其所是"这句话的原因。

然而，这个道理，很多爸爸妈妈并不是很懂。

这10多年中，我遇见了很多爸爸妈妈，他们会在各种场合出现，然后带着求知若渴的眼神，来跟我交流。每次看到他们的眼神，我就觉得需要做点什么也许可以帮到他们。

但前提是需要自我解放。只有一个心智健全、心灵健康的成年人，才可能有更大的力量，去帮助他人。

在成为父亲之后的 10 多年中，我变得比以前任何时候更加勤奋。我广泛学习，如饥似渴地阅读各种书籍，有心理学的，有儿童文学的，也有家庭教育的。没有任何外在目的，完全受自我的内在驱动力所推动，我想要明白那些奥秘，比如，我之所以是我而孩子之所以是孩子的根源何在。

这些阅读都是必要的，也使我成为一个更加自由的个体。或者说，我一定程度上超脱了自我的牵绊，迈向了一个更为稳定的状态。就像很多朋友问我：为什么在育儿这件事上，你那么洒脱？因为，我懂得。黑格尔说，理解即克服。当你理解了儿童，理解了自我，理解了教育之后，还有什么可焦虑的呢？

很多家长说，那是蔡老师你自己，你很强大，但是我们做不到。

不对，你怎么可以用这样的心理暗示来自我催眠呢？你自然也可以做到。我们都是寻常父母，都是肉身有限的普通人，我相信你在某些方面会比我做得更好。

回到前面的问题，为什么你是跟自己过不去呢？因为，虽然你的形体长大了，但内心里却还住着一个小孩。这个小孩受过的委屈，你不愿意让你的小孩再遭受一次。这就是投射。但是，你恰恰忘掉了，你的孩子是另一个孩子，是另一个独立的个体，跟你的童年并不是一一对应的关系。当你明白了这一点之后，也许就能释然了。你的亲子关系，或许可以改善很多。

因为这个认识，我曾经带领过好多次线上的心理学读书会。我并不想只交给家长一些家庭教育中可以实际操作的技能，而是希望带着他们从最深层的地方，重新发现自我，重新发现孩子。这样，一旦我们与自我和解，我们的家庭关系也会豁然开朗。

三、任性做自己

很多年来，我一直在想，像我这样的一个人，身上有多重身份：我是一个父亲，一个教育者，一个读书人，还是一个写作者。那么，我究竟可以为孩子和家长们做些什么？

我的逻辑其实很清晰。因为我很任性，只做自己认可的事，那些我觉得有意义、有价值，可以给别人带去帮助而不荒废自我生命的事。

我曾经是一个有 20 年教龄的高中教师，中学教师生涯对我自己和很多我遇到的孩子来说，并不是虚度。但是我发现，这些高中生，他们 16 岁来到我的课堂时，我已经很难再为他们做什么。因为，最基本的教育已经在他 16 岁之前完成了，比如他对世界的基本判断，比如他对情绪的管理、对自我的管理、对人生的规划等。

与此同时，养育孩子的过程让我意识到，童年的陪伴比青年的教育更为根本。即是说，你可以给予青年学科教育，而对儿童，人格养育是至为关键的。这是我转而做儿童教育的根本原因之一。

我在跟孩子们进行了10多年的密切接触后才发现，原来，必须把家庭和教育紧密地结合在一起，家庭教育才是真正对孩子的各种"商"起作用的部分。这是我近几年又开始转向做家庭教育的最重要的原因。

我们想要一个人格健全的孩子，一个懂得自尊自爱的孩子，一个可以有情感正向流动的孩子，那么，儿童教育和家庭教育不可偏废。因为父母在教育中的重要性，因为父母常识的缺乏，所以有时候带领父母一起成长比单纯陪伴孩子，还要重要。

四、无助的时候，我想握住你的手

在这个过程中，我遇到了很多家长。

有一年，我们夏令营来了一个特别机灵的孩子，然而这个孩子总是管不住自己。他很聪明，读过很多书，涉及才艺的部分表现都非常好。但总是管不住自己，一再违反规则，即便这个规则是他之前明确表示同意的。他跟别的孩子会产生各种矛盾，每一次总是他先惹的对方。

夏令营结束的时候，这位妈妈来接孩子。她战战兢兢地问我孩子在营队表现如何，我用大量时间跟她谈孩子的出色表现，盛赞孩子多么优秀。说完这些之后，我才把孩子自我管理能力不足的问题，告诉这位妈妈。

这个妈妈在我面前当时就泣不成声。这位妈妈是一位大学老师，她说自从孩子上小学开始，她第一次听到从老师嘴里说出对孩子的正面评价，而这个评价又是如此之高。我也很动容，我想，这是因为她的孩子，第一次真正被我们看到了。

这个时候，我觉得我很重要，多日来的劳累没有让我觉得疲乏和厌烦。反倒因为帮到了这位妈妈，我体会到了自己所做的事是有价值的。

我知道，即便是高级知识分子，我们这些爸爸妈妈，也都是第一次做爸爸妈妈。之前，没有人教过我们。于是面对这么一个精力充沛，又会在规则边缘徘徊的孩子，父母总是会感到无能为力。我想，我所做的就是在这些家长陷入无助的时候，握紧他们的手，告诉他们："我们在一起。"或者更进一步，给他们切实的建言和帮助。

还有一次，我在上海的一个书店里分享《为爱朗读》的故事。这是一个真实的故事，一个叫布罗齐纳的爸爸，持续不断地为女儿爱丽丝朗读，接连朗读了3218天。而我是从儿子10个月起开始给他朗读绘本，每天不停地读书，读了整整14年。我把自己当作是《为爱朗读》的中国代言人。那么，这样的"为爱朗读"，能带来什么呢？

其中很重要的一点就是带来治愈。我们的童年不全是阳光明媚的，也会有隐秘的角落，而陪伴和共读就是让阳光照进这些角落。

就在讲到治愈这个词的时候，听众中有一位年轻的妈妈，当场哽咽。活动结束后，她的先生过来跟我解释，说很抱歉他太太失态了。我握了握这位先生的手，表示很理解。

这也是为什么我要把这么多时间和精力，放到帮助曾经像我一样的新手爸妈这件事上来。我们都是从新手爸妈过来的，我们的身上都住着一个内在小孩。做父母就是既要看到自己的孩子，也要看到自己身上内在的孩子。

五、颠沛必于是，造次必于是

曾经有一位记者采访我，问道：在成为父亲之前和成为父亲之后，您的教育观念有什么不同？

我说：因为懂得，所以慈悲。

有人跟我说，做家庭教育的内容是需要很大勇气的。其实我觉得不是，因为做这件事，不需要太多勇气，但需要足够真诚。而意外的是，你可以收获很多很多的存在感。当他人伸出求助的手被我们握住，当我们看见他人眼里真实的渴求，当他们暗淡的眼神被点燃后重新焕发生命的光彩，这就是我们的价值所在。

收在这本书里的是近几年来我的关注点越来越指向家庭

教育之后的文章，有很多是当时的社会热点，而我从教育的角度进行了剖析。这几年，我戏称自己一根筋，因为我的关注点在这里，我看到任何事件的第一反应，都会从家庭教育的角度出发去考虑。就像在锤子的眼里，什么看上去都是钉子。用高级一点的话讲，叫作"造次必于是，颠沛必于是"。这是我近年锚定的一个点。

在这些文章里，其实没有什么深奥的理论，都是育儿常识。在家庭教育中，在日常的相处中，确实不需要什么高深的理论，我们只需要懂得一些基本的常识就好了。我的用意也不在于建立什么万世不易的理论，而是如话家常，让我们打开心扉，坦诚相对，就好了。

毕竟，人生是一次漫长的旅程，而这个旅程是否足够愉悦，很大程度上建立在我们自己的选择之上。这个选择中，有所知的家长也许会有更多的"自由裁量权"。

2020 年 9 月 26 日

第一辑

我们现在
如何做父母

我们现在如何做父亲

鲁迅的所有文章里,《五猖会》是给我印象最深的文章之一。这篇文章写的是鲁迅童年的一次遭遇。有一年,鲁迅一家要去东关看五猖会,临到出发了,突然出现的父亲施施然走向鲁迅,叫他把《鉴略》的一部分背出来,背不出来不许去。于是全家人一起等着鲁迅背《鉴略》,背的内容大概是"粤有盘古,生于太荒,首出御世,肇开混茫"之类,尽管背了好久,最终去成了,但是那一次五猖会,却成为鲁迅记忆里最没意思的一次大会。

我年轻时读这个文,百思不得其解,为什么一件好好的玩玩闹闹的事,临到头来非得强加一个条件。这也太煞风景了。但有一点我是很清晰的,就是,孩子们其实最讨厌大人这样了。

自从想要成为一个父亲,我就立志一定不要成为这样的父亲。所以我带菜虫去迪士尼乐园,一点要求都没有。没让他背《弟子规》，也没让他背《唐诗三百首》。为什么？因为，玩对孩子来说，是唯一的一件正事。你加了条件，就破坏了玩的纯粹性，孩子就有可能不开心了。并且，你以为有教育意义的部分，其实一点意思也没有。但是单纯地玩这件事，却能给孩子带来最深的学习动力。所以，游戏才是最好的学习。你在全身心投入的游戏之中，创造力会得到前所未有的发挥，而这个能力是可以迁移的。

回到这篇文章本身。这样的事，少年鲁迅遭遇过，我们当代人，也经常遭遇。比如上学时，最后一节是活动课，大家在教室里关了一天了，都盼着去操场撒野，突然班主任来了，要求必须做完黑板上的几道题，才可以去操场。于是大家苦苦地做题，心里暗暗咒骂班主任。等到习题做完，时间所剩无几，那个大闹一场的心思，也所剩无几了。

年轻时不懂，为什么大人要这样，单纯地觉得，大人真坏，真没意思。现在做父亲10多年，再想到鲁迅父亲的做法时，就懂了为什么他非得这样。

因为，在这些具有威权思想的成人看来，孩子的快乐是一种罪过。孩子的全部都是成人给的，快乐也是被施舍的。予取予夺的事情，我们要真以为可以自己掌控自己的快乐与忧伤，那就天真了。

首先，这是一个封建大家长，归根到底鲁迅的父亲跟《红楼梦》里的贾政，有什么区别呢？在思维结构发生质的变革之前,我们这些父亲,每个人身体里都可能住着一个暴君。

其次,他的心态不是跟孩子相处,而是控制。因为他是大家长,他对孩子的掌控是全部的,可以表现在任何地方,突然让鲁迅背诵《鉴略》,就是控制之一。

再次,也许那一代成人认为,一切都是需要代价的。就像对孩子的好是需要孩子有所付出。就像我们需要牺牲当下,才能换取将来。而生活,其实不就在当下吗?放弃了当下,还有生活吗?

所以我常觉得,鲁迅之所以关心儿童,关心教育,一则,是他作为思想启蒙者使然;一则,也跟他童年的遭遇有关。就像我,我知道自己童年时讨厌什么样的大人,于是我做了父亲之后,就很讨厌成为那样的父亲。

大约100年前,鲁迅写的那篇名文——《我们现在如何做父亲》,所呈现给我们的讨论,迄今没有停止过。现在,我们都以为当前这个时代是一个全新的时代。但是要问起鲁迅的这个问题,我还真难以回答。100年之后,我们解决掉鲁迅的这一世纪之问了吗?

鲁迅有一句名言,说要"肩住黑暗的闸门,放他们到光明里去"。多年来,作为教育从业者,我也很想去肩住这个闸门。但是我找了很多年,没找到这个闸门。原以为只要找到这个闸门,一下子扛住,就能一劳永逸地解决问题了。但是,这么多年过去了,坦率地说,我并不知道闸门在哪里。我只是看到凡墙都是门，有时候，就像进入了一个无物之阵。

但是，毕竟我们是新时代的父母。我们并不完美，但我们这一代父母，确实是崭新的父母，我们是前所未有的、普遍的有知者。可以这么说，我们这一代父母，是全新的一代父母，新就新在，我们是第一代普遍的知识型父母，我们有学习力，我们还有反思力。

为什么这样呢？因为我们这一代父母，在中国的改革开放时代成长，是第一代较为普遍的、具有现代观念的父母。这里有多个原因，主要是两个，一个是时代开放，一个是教育普及。这与五四时期不一样，那时候的教育还不像现在这么普及，还是精英式的教育，所以70后这一代，特别不一样。

因为有自我启蒙的潜质，因为是逐渐自我觉醒的一代人，我们对个人、对家庭，乃至社会，有自己的看法。所以，我常想，家庭教育的变革也许就在这一代人身上发生。

一直以来，中国是一个宗法社会，其实我们要从家庭里去重建的东西很多。但是我们自己可以做的，并且力所能及的，就是作为一代崭新的父母，我们可以自我启蒙、自我重建。如果没有这个自我启蒙、自我重建的过程，那么巴金小说《家春秋》里面提出来的问题，仍然完全没有办法得到解决。就是说，五四那一代人提出的问题，诸如"娜拉走后怎么办"，时至如今，仍未得到彻底解决。

我不敢说我们已经解决了鲁迅的这一世纪之问。但毋庸讳言的是，我们这代人正在用自己的实际行动，对鲁迅的这一世纪之问来加以回应。

比如，我们明白了这样的道理：爱我就不要控制我。有控制，就有依附，就没有独立人格。

比如，我们来到世间，是来度过这一生的光阴的，我们必得要真实地度过我们的一生，用自己的方式去度过一生，而不为任何外力。

比如，家庭内部的民主平等，才是培养具有独立人格的孩子的基本保障。

比如，我们要用温和而坚定的教育理念，去守护孩子唯一的童年。

……

2006年，我也写过一篇《我们现在如何做父亲》。那一年，我的孩子刚刚来到世间，我每天端详着他熟睡的面容，不禁会想：我何德何能，上天会把这么好的一个宝贝交给我，我已经做好准备迎接跟他相处的日子了吗？我有多么不自信，也有多么跃跃欲试。

现在，我已经陪伴这个孩子度过了10多年。他已经是一个念初中的青春期男孩了。我把与他相处的点点滴滴记录了下来，出版了两本书，一本叫《孩子，谢谢你带我认识温柔》，一本叫《我家有个小学生》。

我的快乐是巨大而显著的，我的焦灼也是巨大而显著的。

在跟朋友们分享我的点滴思考时,我觉得我们正在一同成长,这不是我单向的观念输出,我们在分享中彼此都有教益。就像在跟孩子相处的过程中,我从不认为是我塑造了这个孩子,因为这个孩子也带给了我崭新的生命。育儿这个过程,带来了生命的自我觉醒,也带来生命的向上跃升。

河合隼雄说,有有益的父母,也有有害的父母。我想,那些懂得自我认识,能够自我反思的父母,大多数都是有益的父母吧。理解了孩子,便理解了自我;理解了自我,有助于我们成为一个真正意义上的成年人,从而才有可能将更好的世界呈现给孩子们。

爱的反面是控制

我听到家长最多的抱怨之一就是：我那熊孩子，咳，最大的问题就是——不听话。

孩子不听话怎么办？我觉得吧，这得看你跟孩子说的话，究竟是不是值得他们听。事实上，在家长提出的这个问题背后，隐藏着一个深刻的矛盾，那就是，我们究竟该如何看待家长的权威与孩子的个性之间的冲突。

我有个远房小侄子，小我14岁，我20岁读大一时，他才6岁。但是他喜欢找我玩，读我家里的故事书，跟我相处很是和睦。有一天，他突然问我，叔叔你几岁啊？我说我20岁。他大吃一惊："啊，你都20岁了？！"我哑然失笑。原来，他跟我玩还以为跟我年纪差不多呢。

小侄子又问："那你做爹了吗？"

我再次失笑，回应说："还没，女朋友都没有。"我反问他，"做爹有什么好啊，干吗要做爹？"

接下来小侄子的回答令我哭笑不得。

小侄子说："做爹好啊，生个孩子，要么打几下，要么骂几声。"

他是用我们老家的土话讲的，比普通话更具幽默效果。

如今过去20多年了，和小侄子聊这段的场景我还记忆犹新。也许那一天，小侄子心情有点不好。也许那一天，他来我家之前刚被他爸爸，也就是我表哥骂过。也许平时在家里，爸爸会对他施以暴力——20多年前的浙江农村，打孩子是很正常的。

后来，我成了一个爹，有时候情绪失控，也吼过菜虫。但是远房小侄子的故事经常促使我反思，难道我有了孩子，真的只是为了要么打几下，要么骂几声吗？那我不就成了鲁迅笔下的那些人物了吗？鲁迅说，中国的男人，在外面受了气，回家就撒向妇女儿童。因此，在中国地位最低的无非是妇女儿童。

现在，我成为一个父亲已经10多年了，在日渐反思自我的时候，想起小侄儿跟我说的话，我领会到，这句话的核心即在于，家长如何看待自己在家庭中的权威。

孩子的成长是一个过程，3岁之前确实需要一个权威来指导孩子的成长，这样能保障孩子的安全，以确认他对世界最初的平衡感。我们会告诉孩子，这个是小鸟，这个是小草，太阳是温暖的，冰雪是寒冷的。此外，孩子的日常生活也在我们的指导下展开。这是一个非常动人的生活场景，孩子天然信任我们并在我们的指导下展开生活。

菜虫3岁的时候，看到我在洗碗就跑过来，伸出一根手指头，跟我说："爸爸，给我一点洗碗液。"我说这不叫洗碗液。他继续伸着手指头，跟我说："爸爸，给我一点洗碗露。"我说这也不叫洗碗露，这叫洗洁精。于是，菜虫第三次跟我说："爸爸，给我一点洗洁精。"我给他滴了一滴，他兴高采烈地举着一滴洗洁精，去洗他的小碗了。

我们会发现，成年人的权威建立在孩子对大人的天然信任之上。而我们对这种信任的反馈，就是以爱的方式指导孩子的生活。

孩子的成长是一个日渐成为独立个体的过程。随着他的成长，随着他自我意识的发展，他逐渐学会了说不。在这个过程中，家长也许需要做到日渐"隐退"，逐步放弃权威的观念，学习与孩子平等相处。

关于平等，蒙台梭利在《有吸收力的心灵》一书中说，承认儿童具有不同寻常的能力并不会降低父母的权威。当父母可以说服自己，在孩子成长过程中把主角的位置还给孩子，自己心甘情愿当好配角时，才能更好地履行父母的职责。这样，从更广阔的视角来看，他们对儿童的帮助会更有意义、更有价值，也只有适当的帮助，才会使儿童健康地成长——这才是父母权威和尊严的真正体现。

菜虫也是在3岁左右开始学会说不的。有一天,他突然发现"不"这个否定词,特别地有力量,特别地带劲。比如,我想带他出去玩,就问他:"我们去公园好吗?"他回答:"不,菜虫要去河边。"我对他说:"菜虫该吃点水果了。"他回答:"不,菜虫要吃冰激凌。"

话语是一种能量,在使用否定词的时候,这种能量特别强大,具有说一不二、不容置疑的力量。于是孩子们开始频繁地使用这种能量。

这个时候,我们需要建立一种认识,孩子说"不"其实是他的自我意识在增强,简单地说这是孩子在成长。我们以为的孩子叛逆,其实只是成长的阶段,是孩子日渐拥有自我意识的一种表现。如果我们了解了孩子的成长心理,自然会明白其中的奥秘。

作为家长,伴随孩子的成长,我们的自我认识也需要发生变化。我们需要建立与孩子平等的观念,破除残存的封建大家长意识对我们的影响。若要培养一个天性自由的孩子,自然要给他一个自由生长的环境,家长的权威在这个阶段就需要慢慢隐退。

关于对"爱"这个词的理解,我曾经在一次演讲中问过观众一个问题:爱的反面是什么?大多数人都说是恨,我认为不然。因为,爱与恨是同一种情绪的两个侧面。爱的反面,其实是控制。爱我,请不要控制我。给你爱的人以自由,这就是爱的全部真相。

心理学中对"弑父"的解释，不是说孩子要把父亲杀了，而是说会在精神层面上颠覆父亲的权威。这个过程很漫长，最艰难的便是青春期。我们会看到，青春期的孩子总是跟家长对着干。当父母一旦理解了这一点，对自身权威的日渐消解也当释然。

有人跟我提过一个问题，"蔡老师，你最希望拥有的父子关系是怎么样的呢？"我回答说，我最希望拥有的父子关系，就是孩子到了18岁，青春期了，我们还能在一起心平气和地就某一件事发表各自不同的看法。为了这个远大前程，我已经在儿子12岁时，带着他去酒吧看过欧洲杯了，我手里捏一杯啤酒，儿子喝可乐。

当我们日渐将孩子看作一个独立自由的个体，当我们日渐消减自我身上封建大家长意识的残留时，离我们希望享受到的亲子关系也就不远了。

家里的"大嗓门爸爸"

在跟孩子的朝夕相处中,敢问有哪一位爸爸或妈妈从来没对孩子发过脾气,有哪一位爸爸或妈妈从来没有吼过孩子?

我想,即便有也是很少的吧,得算稀缺物种。如果您属于这个稀缺物种,我要向您学习。因为,人都是情绪化的动物,怎么可能永不失控呢?孩子不吃饭、挑食,你可能会吼吧?孩子不洗澡,你可能会吼吧?孩子不做作业,贪玩电子产品,你一定会吼的!

我不是来指责父母情绪失控的,只是想谈一谈,在我们的情绪背后隐藏着什么。

2014年,我参加上海国际童书展,书展快结束的时候特地跑去蒲蒲兰绘本馆,买了一本《大嗓门爸爸》给菜虫,算是出差给他带的礼物。同时,也是一次郑重的道歉。我把书交给菜虫的时候,一边赔笑说:"你看,这里也有一个大嗓门爸爸，就跟你爸爸一样……"我希望通过跟他共读这本书，能弥补一点点之前的过错。

记得菜虫快6岁还没上小学的时候，有一天，他突然明白了什么似的，赌气般地跟妈妈说："爸爸以前真坏，总是冲我大吼大叫。"听完这话，我心里很难受。因为，菜虫说的，都是事实。在很长一段时间里，我就是那个"大嗓门爸爸"。

我的难受在于，在菜虫更小一点的时候，我的情绪失控肯定给他造成了极大的困扰，也许还有很多严重的后果，我都没有发现。直到他能自我分辨，才得以向妈妈提出了严肃的抗议，而过去的错误，已经无法弥补。

那一天，我们三个人吃饭，在饭桌上我严肃地向菜虫和虫妈道歉，接受了菜虫和虫妈的批评以及"翻脸王"这个绰号。我向他们保证，以后一定好好控制自己的情绪，一定不再大喊大叫。

我已经知道了自己的问题所在，也知道了情绪化的来源，我想努力改进，但有些时候，会有一种深刻的无力感。因为，在意识到问题的同时，我看到了自己身体里那个尚未长大的小孩。

话又说回来，如果不是做了父亲，如果不是在菜虫身上看到了自己的影子，我也很难像现在这样更深入地发掘自我身上的那个小孩。因为看到了菜虫的成长，于是看到了自我的成长。我经常说"孩子是成人之父"，原因就在这里。父亲这个身份，做父亲这个任务，让我得以于生命的更深处与自我相遇。一念及此，又是愧疚，又是感激，千般思绪，柔肠百转。

每个人都有情绪失控的时候，这是必然的，也是人之常情。事实上，发怒、喊叫也是一种正面的情绪表达，只要是真实的，都是家庭生活中可以接受的体验。这样的体验其实也是让孩子学习如何正面表达愤怒情绪的一种方式。所以，在一个家庭中，真实生活至为重要。爱是真实的，我们偶尔的愤怒、疲惫也是真实的。

当然，发脾气怎么说也不是一件好事，我只是说，这是真实的家庭生活。相比于虚伪的家庭关系，情绪的正向流动是一个家庭内部教育的基础。此外，事后的自我反思更为难得，反思有助于自我认识，更有利于自我接纳。

我们可以考虑把自己的情绪，跟孩子正面地讲出来。比如，我已经很累了，孩子还要缠着我，我就可以这么说："孩子，爸爸现在有点累，你去找妈妈玩一会儿好吗？"我想孩子一定会理解的。

对于我们这一代新父母而言，新就新在我们是普遍的知识型父母，或者可以说，我们是新一代根据科学理论来育儿的父母，不像我们的父母，多半是按照自己的经验，或者听从老一辈的指导。

每个人当父母都是第一次，是需要学习的，不是每一个父母天生就能当父母。我们总是在不断犯错中学习如何成为更好的父母。所以，自我反思尤为重要。

这里，就要讲到一个特别重要的问题，我们究竟如何看待我们与孩子之间的关系？

在传统中国家庭里，我们是家长制的。很多中国人有这么一种观念，认为孩子是我生我养的，当然要听我的话。这种观念里，其实隐藏着一种所有权意识，好像孩子是你的私有财产。那么，孩子的独立人格在哪里？

我也曾有这样的错误认识。自从当了父亲，我就觉得身份自此不一样了，我作为父亲就要去承担责任。承担责任就要牺牲自己，所以，很长一段时间里，我有一种牺牲的意识。不仅如此，我要求太太要成为一个母亲，母亲的身份需要压倒身上原本的自我。我对自己的要求也是如此。但是后来我渐渐觉悟了，我知道我需要把自我和父亲的身份做一个厘清。

不再做爱你所以折磨你的爸爸妈妈，尊重孩子的意志爱好，从孩子的角度思考问题，尊重罗伯特议事规则，创造一种民主、平等、自由的家庭环境，不用威权去慑服孩子，而是要坚持无论何时、无论何地，都要说理。这一切，从孩子小的时候便开始。

有一部动画片叫《头脑特工队》，这部动画片曾经对我们一家三口相互间情绪的正常交流，起到了很重要的作用。

有一段时间，菜虫小朋友特别喜欢看这个动画片。在他第 N 次看完这个动画片的晚上，我们正要吃晚饭，大概有什么要求一下子没有满足菜虫，他开始挑三拣四、无事生非。这要是放在往日，我一般会采取两种态度：第一种，无原则同意，这限于我情绪比较好的时候；第二种，若是我本来情绪就不好，我会先忍，忍不住就最终发飙，导致矛盾激化，父子冲突。

可是我刚看过《头脑特工队》，事情就不能这样处理了。因为我知道，这个时候，菜虫脑子里的厌厌或者怒怒，已经掌握了控制台。而我的大脑也一样，也是厌厌或者怒怒掌握了控制台。冷静了一下，我跟菜虫说："菜虫，刚才是不是怒怒在你脑子里掌握了控制台啊。"菜虫一听，不由得羞涩一笑，就不太好意思继续寻衅滋事了。

对于情绪管理我们可以采取的办法是更好地接纳自我的情绪，接纳孩子的情绪。把自己的情绪自我消化，不迁怒于孩子。即便不能自我消化，也需要跟孩子建立一种正向的情绪交流。哭泣、欢笑、愤怒、忧伤等都是有七情六欲的人类的本能，绝对理性的是木头人。最后，还很关键的一点，是要保证亲子沟通的渠道始终是顺畅的。

做父母，就是一场人生的修炼

狄更斯在《双城记》里有个不朽的开头：那是最美好的时代，那是最糟糕的时代；那是智慧的年头，那是愚昧的年头；那是信仰的时期，那是怀疑的时期；那是光明的季节，那是黑暗的季节；那是希望的春天，那是失望的冬天；我们全都在直奔天堂，我们全都在直奔相反的方向——简而言之，那时跟现在非常相像。

最后一句很重要，我倾向于认为，任何时代都是相似的，关键在你更多地从哪一个角度去看待这个时代。

这个时代可能确实很浮躁，或者确实很急功近利吧。但我从来不愿意用这些简单的、标签化的词语去描述我们所处的复杂的时代。因为一个时代有着其多元与深刻的地方，有着无数值得我们深入思索的地方，标签化的描述恰恰遮蔽了这个时代的丰富性。

有人可能确实急功近利，这是时代的一部分，而有人则陌上花开、缓缓而归，这也是时代的一部分。我们同处在这个时代的丰富性之中，关键看你自己，你选择了什么样的视角，那么你就处在什么样的时代。

关于育儿，其实我们的焦虑有很大一部分来自外界以及我们所处的时代赋予的压力。人家的孩子都是牛娃，人家报满了兴趣班，人家各种比赛拿金牌……请问，我们怎么办？

我真的认为做父母就是一场修炼，有朝一日当我们能淡然看待外在的压力时，可以说我们的修炼已经颇有小成了。

我与虫妈是有着很坚决的育儿观的，举世誉之不加劝，举世毁之不加沮。在面对一些实际问题时，比如考试成绩、作业之类的，我与虫妈的态度也令一些不熟悉的朋友诧异，他们会感慨："哇，你们俩好强大！"孩子面对的应试的世界颇为险恶，这时需要内心强大的，不是孩子，而是父母。

当然我们的观念并非生来如此，也是在为人父母的过程中不断学习，不断悟得。事实也未必尽如我文章中写的那样淡定，谁又能不焦虑呢？身为父母，焦虑乃是常态，淡定只是偶尔。我们必须剽悍，必须野蛮，才能保持独立的思考。我说的剽悍与野蛮，指的是一种思想状态。在面对孩子的时候，无论如何还是要含情脉脉的。

我们是跟孩子在同步成长的。这是一种非常好的感觉，与孩子共同成长，同时也是对自己生命的不断拓展。如果不是在为人父母的生涯中不断有新收获，那么为人父母的乐趣就少了很多。其中，最大的教益自然来自读书，读书明理啊，当我们懂了孩子的宇宙，懂了童年的秘密，压力就会少一点。

这几年我读过很多关于儿童、教育、家庭教育、儿童文学、儿童心理学，以及父母自我成长的书，简单列几本书，希望对大家有所帮助。

河合隼雄《孩子的宇宙》

蒙台梭利《童年的秘密》

松田道雄《定本育儿百科》

马修斯《哲学与幼童》

碧姬·拉贝《写给孩子的哲学启蒙书》

波兹曼《娱乐至死》《童年的消逝》

麦克法兰《给莉莉的信》

阿黛尔·法伯，伊莱恩·玛兹丽施《如何说孩子才会听，怎么听孩子才肯说》

艾伦·奇南《秋空爽朗》

梅乐蒂·碧媞《爱我就不要控制我》

沙法丽·萨巴瑞《父母的觉醒》

很多时候，我们觉得是在跟这个时代较量，甚至是在跟孩子较量，但其实我们是在跟自己较量，看我们有没有可能通过学习，来提高自我的认知。

育儿是一次生命的旅程，我们跟孩子无非是最好的旅伴。

试想一下，如果养育孩子的过程是一次旅程，那什么才是最重要的呢？我想，沿途的风景、快乐的相处才是最重要的吧。所以，除此而外的任何诉求，都会有一点点本末倒置的嫌疑。

粲然有一个绘本叫《旅伴》，我特别喜欢这个故事，其中有一个情节，说在旅程中，大人和孩子遭遇了一群强盗，强盗要抢他们的行李。但当强盗打开孩子的背包想要找找里面有没有值钱的东西时，奇怪的事情发生了，强盗居然掩面而泣，放弃打劫，默默地走了。

原来孩子的包包里装的是：走山路时，大人留在孩子脖颈上的温度；泅渡时，大人在波涛中用力拽紧孩子的手劲；生病时，大人边碎碎念边放在孩子头上的湿毛巾；清晨在草丛里边拉屎边为对方鼓劲的"嗯——嗯——"声；夜晚要睡觉时，孩子请求"睡不着呀，说个故事吧"，大人不耐烦地回答"我困死了，你爱睡不睡"，然后打起的呼噜声……

《旅伴》讲述的就是我们生命的历程。在旅途中，并不是每一瞬间都光鲜亮丽，并不是每一瞬间都春暖花开。甚至，有漫长的时间，我们处在晦明交替的幽暗之中。那么，凭着那些体温、那些碎碎念、那些呼噜声，我们还能真实地感觉到爱的存在。爱不是虚无的，爱是具体的，有所附丽，真实可感。这就是为什么物质生活给我们安慰，深夜食堂给我们温暖，而亲子之旅让我们此生难忘的最动人之处。

归根到底一句话：你所求者为何，你收到的便是这个东西本身。

2017年,我出了《我家有个小学生》一书,粲然问我,这本书是写给焦虑的小学生家长的心灵鸡汤吗?

老实交代,这不是一本育儿指南,是一本惶然录,是一本彷徨集,是一本失败之书。在这个全民焦虑的时代,我可以很坦然地跟朋友们说,我也不能自外于焦虑。

我们这些"熊父母",就别再遮遮掩掩了,承认吧,关于养孩子这件事,谁又没有过满满的失败感和无力感呢?

但我与虫妈最重要的一个原则就是:焦虑是我们自己的,我们要自己去承担,不转嫁到孩子身上,保护好孩子的不知情权。

孩子是他自己。一方面,孩子诚然是被我们塑造的,但另一方面,孩子是他自己的,他的情感体验、对世界的认知,都是他自己的,不是我们所强加的。

了解了这些基本常识,我们自然会有较为强大的内心。这就需要家长不断地自我学习,做一个跟孩子一起成长、共同进步的家长。

此外,我觉得,我们要去寻找那些教育观念相近的家长交朋友。当我们一个人置身于这个时代的荒原之中时,难免会感觉到孤独。但如果价值观相近的家长,能彼此成为朋友,那么,即便秉持不那么大众的教育观,我们也会觉得,吾道不孤。

学区房，究竟有多重要

菜虫准备上初中前的那两年，我与虫妈跟很多朋友谈论最多的一个话题，便是学区房。因为我所在的城市，初中的学校办学水准比较接近，不存在民办学校等各具特色的初中，只要买个学区房，就可以读初中了。

于是，我们买了学区房，选择标准跟小学阶段选择学校时相似。小学阶段，我们的选择标准是：作业少，环境好。所以，菜虫的小学是在一个公园里的。初中也一样，我们避开了管理最严厉、家庭作业最多的学校，选择了一个相对宽松的学校。

在我们看来，考试分数不是最重要的，一个人能较好地度过他的前青春期和青春期，以及懂得学习是如何发生的才重要。

2017年夏天，有一个热点新闻，厦门一对夫妻，卖掉了价值800万的学区房，带孩子去看世界。这让很多人心生感慨:"真了不起,能下这么个决心。"我只是觉得吧,他们真会玩。确实,学区房没那么重要。为什么要买学区房啊,无非为了进一个好学校。但是好学校怎么评出来的,无非就是升学率嘛。对好学校的评价标准,其实很单一,就是看孩子的分数而已。但这个分数,尤其是小学阶段的分数,有什么意义呢,一点都不会起到决定性的作用啊。

为什么呢?确实,我们的孩子将来要面对一些竞争,但是竞争不是从小学阶段开始的。换句话说,小学阶段的考试分数跟将来的竞争、就业啊,一点关系没有。家长只是自己焦虑了而已。

一位朋友跟我说,以现在的就业形势来看,考试分数高低跟日后拿的薪资多少,其实关系已经不大了,铁饭碗正在被打破。那种考个好大学,找个好工作,从此过一辈子幸福生活的人生路径已经不存在了。取而代之的是终身学习的能力,才更重要。如何从小呵护孩子的好奇心,培养孩子的学习力、创造力、自信心,才更重要。

那对爹妈能卖了房子,带孩子周游世界,这件事情真的很棒。孩子在旅行的过程中,学习力会得到极大的激发,不单单是开阔了眼界。是的,旅行的意义不止在开阔眼界,更在于这样两个方面。一个方面是他看到了差异与不同,看到了丰富多彩,于是在这个孩子的眼里,世界就是巨大的、丰富的,他的内心就是开放的,不再狭隘,也不会故步自封,他会一直有一种开拓世界的愿望。另一个方面就是教育的意义，因为他总是在不同的环境中，他要学习去跟不同的环境相处，在这个变换的过程中，孩子的接受能力、适应能力等，都在不知不觉中得到了拓展。

与此同时，别人家的孩子还在写作业。举头望明月，低头写作业；垂死病中惊坐起，还有作业没写完。这个永远在刷作业的孩子，世界对他来说，是封闭的，所见无非作业而已。而对于那个旅行的孩子来说，世界是敞开的，永远有未知的新奇东西在等着他。那么，你想要怎样的孩子呢？

我们总是责怪自己的孩子，没有想象力，没有交际能力，诸如此类，不一而足。一数落自家的孩子，就拿别人家的孩子做比较。可是你是否听过这样一句话：你亲手剪断了孩子的翅膀，却怪孩子不会飞翔。悲夫！

读小学的时候，我给孩子选了一所体制内的学校，其实，我也是换了学区房的。只不过，人家是去买名校的学区房，而我是从名校的学区迁出来，买了一套非名校的学区房。

我去办房产转移登记手续的时候，工作人员一脸不解地问，别人都是迁到好学区，你为什么偏偏要从好学区迁出来啊？一般对学区好与不好的判断标准，无非就是升学率、考试分数这些，可我对教育的理解，早就超出了这一思考层面，而是用更长远的发展眼光，来看待孩子学习这件事。所以我说过一句得罪很多人的话，就是"所谓名校，无非就是拔苗助长更严重的学校"。

举个例子,小学四年级成语比赛,一般名校的孩子背的成语就是比非名校的孩子多。我看到过统计数据,这是一个事实。可是,大家同样是四年级,难道名校的孩子真的智力更高一点吗?并不见得,但名校的老师和孩子花在背成语上的时间一定更多。那非名校的孩子,这个时间没用来背成语,花在哪里了呢?也许花在玩游戏上了,也许花在体育锻炼上了。我总觉得,多进行体育锻炼,让身体保持健康,比多背诵几个成语可有用多了。

多数家长听我这么说,其实还是不太信服的。我也理解,毕竟这是一个焦虑的时代,我们做家长的谁又能免除这些焦虑呢?好像买了学区房,焦虑就会少一点。但其实,买了学区房,焦虑不会变少,只会更多。因为,孩子上了好学区,进了"牛娃班",可是排名并不靠前,你可怎么办?

人生最重要的,不是所谓的成为人生赢家,而是拥有一个足够美好的童年。童年,就该有个童年的样,就得像童年那样度过。那些美好的孩子气,构成了孩子一生中生活与生命的底气,最为重要不过。

所以,归根到底,我们需要搞清楚,我们自己的焦虑来自何方,为什么非得买一个名校的学区房?

比如,人家都在买,所以我也要买?如此人云亦云,你的理性在哪里?

比如，为了不输在起跑线上？可是我们已经知道，起跑线是个伪概念，我们的孩子并不是马拉松选手。

比如，担心阶层坠落？我这么努力、这么高的学历，在大城市里还是过得很辛苦，孩子要不从小努力，将来会没饭吃的。可是，你怎么就知道未来世界是什么样的呢？你怎么就断定孩子没有自立于社会的能力呢？归根到底是你的不自信投射在了孩子身上。孩子无辜，你先把自己的焦虑病治好才对呀。

总而言之，提高生活成本，牺牲生活质量，盲目择校会带来多重焦虑，家长的焦虑以及转嫁到孩子身上的焦虑。

如果有可能择校，那么择校需要考虑的唯一要素，就是这个学校是否适合你的孩子。

最好的教育资源仍是家长的教育观。所以我认为，教育就是拼爹，拼的是爹的教育观念而已。你的教育观念提升了，你的家庭教育做好了，那还有什么好担心的？

夫妻双方教育观不同怎么办

这是一个经常被人问起的问题。

遇到这种情况，我经常会反问一句：教育观就是三观啊，你们三观不合，当时怎么结的婚呀？

我觉得，为了孩子，勉强自己假装有一个圆满的家庭，对孩子其实并不好。很多家长总是觉得，为了孩子有一个完整的家庭，委曲求全算了。其实孩子什么都能感觉到。付出感、牺牲感，都是家庭中特别不好的情绪，发展到后来会演变成对孩子的道德绑架：我为了你，牺牲了一辈子的幸福……

此外，爸爸妈妈凑合，尤其是对自己的婚姻质量凑合，会影响孩子将来追求幸福生活的能力。因为你活出来的样子就是孩子的榜样呀，你这么憋屈，孩子怎敢幸福？

再说了，每个家庭各有特点，现在社会这么开放，价值如此多元化，单亲家庭也是正常的家庭结构之一啊，有什么了不起的。要是爸爸妈妈各有新的感情，那对这个孩子来说，不是又多了两个爱他的人嘛。

以上虽有戏言，但也并不全是挤对人。我在想，我们的观念分歧究竟在何种程度上，才会导致我们走到这一步。如果还没有到这一地步，那么，一切都是可以被修复的，可以重塑的，也是可以变得更加美妙的。

家庭关系中，夫妻关系是第一位的，所以，如果在育儿这件事上，夫妻双方出现了分歧，首先要解决的应该是双方的分歧问题，而不是争夺孩子教育主导权的问题。

有一个朋友，因为孩子玩手机的事情，和孩子妈妈闹得不可开交。爸爸认为孩子都已经是高中生了，自己要没点自控力，将来还怎么走上社会，所以主张适度宽容。妈妈则认为，高中学习这么紧张，再玩手机学习成绩不得往下掉啊。

我自然是赞同爸爸的主张。但是在这件事上，我却对爸爸说：你应该做两件事。一件是跟孩子妈妈讲讲，"其实，你不是跟孩子过不去，你是跟自己过不去"。一件是跟孩子讲讲，"你妈就这脾气，你这么大了也要理解你妈，她是爱你的。来，把手机拿去玩，你妈进门之前我会通知你的"。

我这不是教你诈！在一个家庭里，有知识有见地的那个人，要承担更多的责任，他要有一定的技巧，带着全家人一起往前走。他是一个 Leader，但不是独裁者，就像一个公司里的灵魂人物一样，他需要倾听各部门的意见，然后综合平衡利益与矛盾，让公司得到发展。

在一个观念各异的家庭里，确实会有很多争执与纠葛。这个时候，我们需要理清问题的核心在哪里，真的是孩子不乖吗？还是，你太在意自己的想法了，你只是希望孩子按你说的做，如若没有，你就受不了？这不是孩子的问题，要"吃药"的，是你自己。

当然，原则性的分歧也是有的。我所听闻，最大的分歧，就是夫妻双方一个人希望用严格的教育方式，以体制内的教育标准来要求孩子，另一个则希望以宽松的方式跟孩子相处，教育的价值观倾向于自由主义。于是，一个指责对方放任，另一个指责对方强迫症，闹得不可开交。

很多父母对自由这个词理解有偏差，以为自由了，就放纵了，就溺爱了。其实，这是误解。所谓自由，前提是规则，严复所谓的"群己权界"。自由是对他人权利尊重前提之下的自由。自由就是要让孩子在自由的状态下，学会运用自己的自由。一个控制型的家长，总是不停地向孩子发出指令，一个指令接着一个指令，孩子生活在指令之中，如何去建立自我呢？

秉持什么样的教育观并不是最重要的，最重要的是，你的教育观需要一致，十几年一以贯之。你认同学校教育的评价体系，那么就一直这么去做好了，学校体系也不是说一定都是把孩子给戕害了的，也出了不少人才。

最怕的就是没有自己的主见，今天听了孙瑞雪，于是把爱和自由带回家；明天听了棍棒之下出孝子，于是回家就给孩子五百杀威棒。你的左右摇摆，让孩子无所适从。

一个常识性的做法是，当爸爸或者妈妈中一人在教育孩子的时候，即便你不赞同其教育观念，也不要当着孩子的面起争执。有句老话说"当面教子，背后教妻"，当然也可以说"当面教子，背后教夫"，道理是一样的，夫妻双方多沟通才最重要。

还有就是，不要试图从观念上去压倒对方。即便你真的比对方多读了几本育儿书，也不意味着你就可以居高临下指导对方。夫妻双方，各执偏见，再正常不过。但谁也不天然掌握真理，可以尝试彼此尊重，有效沟通。敞开心扉，讲讲为什么你这么想、这么做。话说开了，良好的家庭关系就回来了。毕竟，夫妻嘛，在终极目标上是一致的，各抒己见，求同存异，合力就形成了。

我跟虫妈刚结婚时，曾因为一件事闹得不可开交。什么事呢，就是挤牙膏。我习惯从底部挤，虫妈习惯从中间挤。每次我看到从中间挤过的牙膏，就眼睛骨头痛。为此争吵无数次。后来，我被改变了，不再坚持从底部挤牙膏的原则，这件事一直带给我挫败感啊。但在另外一个问题上，我坚持下来了，就是豆浆的咸甜之争，我始终不渝坚定地支持咸豆浆，多少给自己挽回了一点面子。

这可不是说笑，冲突是真实的。你看，夫妻之间的分歧，多数时候无非就是挤牙膏之类的琐事,但在这些生活的细枝末节里,却有着如何跟人相处的小秘密:诸葛一生唯谨慎,吕端大事不糊涂。只要大方向一致,小细节何必纠结?

归根到底,说一句鸡汤吧:人生真的是一场修炼,如果人到中年,心灵还在不断成长,那么,你的人生已然成功。

对原生家庭的几点理解

近几年,"原生家庭"这个概念突然流行起来,谁都拿原生家庭说事,似乎原生家庭成了一个筐,什么都可以往里面装。但我觉得,原生家庭很委屈。

这个源自社会学的概念如今得到广泛流传,这是社会观念的进步,我觉得这是件好事,意味着这个时代的观念水位还是在上升的。就在前几年,很多人还把心理咨询跟精神疾病联系在一起,而现在大家会很自然地认为心理咨询是非常正常的,甚至或多或少每个人都会有一些心理问题。总之,整体的观念在进步。

这之中,那些心理学的通俗作者功不可没。比如武志红老师,在把心理学普及化的过程中,还是有功劳的,尽管也带来了简单粗暴化的思维方式。有的朋友不喜欢武志红老师,这点我也理解,无非觉得武老师比较武断而已,他并不学术,也与严谨无关,惯于用一个词语来概括某种现象,偏于标签化的描述不科学,很前现代。但我们知道,通俗化的过程往往伴随着简单化。

原生家庭带给一个人的影响是全方位的,其中自然也有一些特别珍贵的好品质。我们在谈论原生家庭的时候,不要忘记这一点。

原生家庭这个词被引用,多数是来声讨原生家庭对自己的伤害的。但我觉得这不公平。原生家庭就是你建立新生家庭之前的那个家庭,你在原生家庭走过了从婴儿到青年的人生旅程,如果原生家庭带给你的只有伤害的话,那你的童年可真悲惨。

原生家庭对我们的影响至深,但这个影响是全方位的,是一个整体,而非事物的某一层面。你身上的优秀品质也是原生家庭的教育带给你的,只是这些正向的东西,我们习以为常,觉得理应如此。而一旦我们出现了问题,就纷纷归咎于原生家庭。

比如,你很勤奋,你很质朴,这些不也是你的父母给你带来的吗?我就觉得自己很勤奋、很负责,而我从不以为勤奋是一种辛苦,也从不把自己的事情做坏让别人来收拾残局。因为,我自小目睹了父母的勤奋和负责,天然地认为勤奋和负责就是一种人生常态。这一点惠我良多。

原生家庭确实会给人造成伤害,比如爱的匮乏、安全感的缺失等,都会给我们成人之后的生活带来很深远的影响。

但把今天所处困境的根源，一切的罪责都归结到原生家庭，这种说法也是不负责任的，这种逻辑是一种思维的懒惰，跟出了事要找一个替罪羊的思维模式毫无二致。

现在轮到你组建新生家庭了，出现了各种问题，于是开始声讨原生家庭。你的声讨自然是有道理的，原生家庭自然都有问题。事实上，原生家庭都曾带给过我们伤害，但并不能就此把现在的不幸福、不杰出、不努力、不勤奋，统统归罪于原生家庭。

原生家庭之所以被一再讨论，就在于这个概念并不像我们想象的那样简单。简单化、标签化恰恰会遮蔽我们认识原生家庭、认识自我的眼光。

我看到过这样一句话，"不幸的家庭各有各的不幸，但在对孩子的伤害上，却是一致的"，我觉得很有道理。

为什么我认为这句话好，就是因为世界上从来没有完美家庭这一说，也没有完美父母这一说。我们的父母都是凡人，总有力所不逮，从而对孩子造成了伤害。这跟我们现在的处境是一样的，我们组织了新生家庭，也成了父母，但即便我们发誓要成为世界上最好的父母，也仍会出现各种各样对孩子造成伤害的情况。

所以，一旦成为父母就别再装神了，谁能保证不犯错呢？我最讨厌永远能帮人解决问题的育儿专家了。得了吧，当了爹妈，你敢说自己没有焦虑过，你敢说自己没有崩溃过？不曾黑夜哭泣，不足以语人生；不曾情绪崩溃，不足以谈育儿。最主要的一点是，具体问题需要具体分析。育儿的过程就是见招拆招，做错了真诚反思再改回来不就得了。我们的孩子也不至于虚弱到连爹妈的一点点错误都受不了的程度。因为我们某一个不小心，断送了孩子的人生，这种情况是不存在，这也低估了孩子的可塑性和成长性。

要知道，我们组建的新生家庭，恰恰就是孩子的原生家庭呢。

原生家庭不是决定一切的唯一根源，一个人后天的知解很大程度上可以帮助他走出原生家庭的负面影响，但要建立在后来理性的自觉上面。你要是开始有理性，能自我反思，就能去发现在你的童年都发生了什么。承认自己的无知是智慧的开始，认识自我则是重新成长的起点。

现在，我们面前有一个极好的契机，令我们得以在最大程度上摆脱原生家庭的不好影响。这个契机就是我们自己也成了父母。

在我们与孩子的亲密相处中，在观察孩子成长的过程中，我们突然就会发现一点：呀，原来我也是这么成长起来的。这就是原生家庭给我们带来的影响，在我们还不知道为什么我们是这个样子的时候，我们已经是现在这个样子了。但现在，你有了孩子，在育儿的过程中，你获得了一个莫大的额外的奖赏，就是你突然可以去拥抱你的内在小孩了，你跟自己的童年握手言和了。

当你对成长这件事有了这样的理解的时候，你就走上了自我疗愈的旅程。这样，所谓的原生家庭就再也不能在意识深处牵绊你了，因为你得到了觉知的光照，你就会获得走出牵绊的力量。

岳灵珊为何不爱令狐冲
——再说原生家庭

上一篇关于原生家庭的文章重点是说原生家庭所不能决定的那一切。这一篇是想讲原生家庭所决定的那一切。其实决定还是不决定，很多时候取决于个体是否醒悟。生命不醒悟，缺少反思，那么你在被原生家庭支配的同时，还不知道自己为什么总是这样。而一旦有所觉醒，变化的可能就到来了。

以《笑傲江湖》为例，岳灵珊不爱令狐冲，作者是已经交代清楚的了。因为岳灵珊一直跟令狐冲一起长大，当令狐冲是大哥。这就是为什么青梅竹马的两个人之间，往往不能萌发那种激情四射的爱情的原因。因为太熟悉了，而爱情常常是一种寻求差异的冲动。

如果没有异质的新人进入，可能岳灵珊与令狐冲成为良配也未可知。这样对于岳灵珊而言，倒是一生平安，但恐怕未必就是最大的幸福。因为如果没有林平之的加入，岳灵珊认识不到自己最爱的到底是什么人，或者误解他对于大师兄令狐冲的情感就是爱。只有林平之的加入，才唤起了岳灵珊最深刻的爱。

这有点像《廊桥遗梦》里的情节，本来弗朗西斯卡一家生活也还好，平平淡淡，波澜不惊。如果没有罗伯特的造访，弗朗西斯卡也就这样终其一生了。但问题是罗伯特出现了，这一出现才让弗朗西斯卡认识到，原来我都没有好好爱过，原来我都没有好好生活过。

所以爱情最重要的一点是什么呢，就是唤起自我的重新认识。在互相适配的爱情里，往往会发生"啊，原来这才是我想要的生活"的感慨。岳灵珊之前一直认为与大师兄令狐冲的日常生活就是生活的全部可能，但林平之来了，她才知道自己要的是什么。

为什么岳灵珊会爱林平之，除了那种突然注入新生活的激情之外，还有一个深刻的原因，金庸在小说里也说了：因为林平之，完全就是一个小岳不群。

这里我不能不佩服金庸的知人至深。金庸不是心理学家，但他天才的创作却能直抵核心。细究岳灵珊的爱情观，她其实是在找爹。令狐冲天性不羁，颇有魏晋风骨，这一点跟岳不群完全不一样，但自然另有他人来爱他，比如任盈盈、仪琳，但绝不是岳灵珊。

我们今天终于可以用一个比较准确的词语来概括其中的奥秘了，就是原生家庭。原生家庭影响了岳灵珊的爱情，一个令她心仪可以带给她激情的男人，就该像她父亲一样不苟言笑、深有城府。这是林平之胜出、令狐冲败北的根本原因，恐怕岳灵珊自己也不知道。

其实，年轻男女在寻找爱情的时候，很多就是以自己的父母为榜样。在内心最深处，自我都没有意识到的地方，家庭教育正在发生作用。我们的成长跟原生家庭有千丝万缕的关系，要么被塑造，要么以反抗的方式被塑造。爱情观、婚姻观、家庭观，大抵如此。

我看过一些案例，比如有的女孩子不停地换男友，但是每换一个都是渣男。其中的原因或许有很多，但也可能只有一个——他的父亲就是个渣男。她在不断地寻找之中，隐藏着想要重来一遍，以期改变并得到治愈的诉求，但这个诉求没有被自我清晰地看到，于是一再复制。

我有一个朋友，姑且称之为某甲，年轻时颇受某一类女孩子喜欢。后来被一个姑娘缠上了，终成眷侣。我另一个好事的朋友问我说："某甲，也不怎么样啊，怎么这个女孩子就那么喜欢他呢？"我说估计某甲跟这个女孩子的父亲性格很像。后来我那好事的朋友机缘巧合竟然认识了某甲的岳父，果然如我猜测。

所以爱情这个东西也挺奇怪的，搞不好就是找妈或者找爹。而我们自己也要很久之后才会发现，原来我们的选择里有那么多我们的理性和意识难以触及的地方。

但即便是找爹找妈，有爱情已经很不错了。按照中国人粗糙的活法，一般叫找对象。

模样过得去，有稳定工作，不吸烟不喝酒，有房有车，凑合着就过了。这就是很多夫妻婚后问题特别多的原因，不知道为何结婚，也不知道为何要在一起生活，更要命的是还要一起育儿。

有一次，我们一家去看电影，电梯里遇到的一对小夫妻对话特别逗。女的说了句话，男的大概觉得不中听，脱口而出："你傻吗？！"女的马上回敬："不傻会嫁给你啊！"来吧，互相伤害吧，这已成为家庭生活的日常。

这篇文章不是写给未婚男女青年用来调整择偶标准的，而是写给已经成为父母的大人们看的。讲了这么多原生家庭的影响，关键在于一点：我们组建的新生家庭对孩子来说，这是他的原生家庭。我们日常的家庭生活都可能给孩子的成长带来很深的影响。

很多鸡汤文告诉我们，家庭关系中夫妻关系是第一位的。这句话我也认同，夫妻双方真实地生活在一起，这种真实的幸福生活是孩子将来获得幸福的保障。至少，孩子看见了所谓的幸福生活不是公主嫁给王子之后自然就幸福了。公主和王子同样要面临鸡零狗碎的日常。而从这些日常的物质生活里，战胜庸常去获取幸福，是父母能带给孩子最大的祝福。

我周末经常督促太太做饭，因为她在厨房忙碌的样子会影响孩子将来对厨房的想象：厨房就该是太太的阵地，男人天生不用做饭。谁叫我们生了个儿子呢。如果我家里是个女儿，我就天天在厨房做饭，以便我女儿认为，做饭就该是男人的活。这里自然是笑谈。我只是想说，认真地生活，真实地相处，这个原生家庭也许就不会太差劲。

郭靖与黄蓉的家庭教育难题

想郭靖与黄蓉夫妇,盖世英雄,天下无不敬仰,但是却养了一个孽根祸胎郭芙。郭芙做的最不可忍之事,就是把杨过的右手给砍了。搁今天,算得上刑事犯罪,故意伤害。就算未满18周岁吧,爹妈总也得担负不可推卸的责任,你是第一监护人。好在那时候以德治国,郭大侠是为国为民的侠之大者,杨过负气出走,没有告上法庭。而郭芙也像个没事人一样,很委屈地说,我都跟杨过道歉过了,你还待如何。

郭靖与黄蓉对郭芙的教养里,也反映出家庭教育中,纵然家长成就卓著,很多时候也会无能为力。饶是你当代大侠,专业不及,就是不及。

当然,遗传决定了很大的一部分,这部分是父母很难用后天的教育去改变的。接纳才是真理。郭芙长得像妈,很美,但是智力像郭靖,这点,好遗憾。我们很多父母均有同感,孩子的出生是一个概率事件,谁知道继承了你哪部分基因呢？要是郭芙生出来，外表像郭靖，浓眉大眼，脑子也像郭靖，轻易不转弯，爹妈也得接受啊。

所以郭芙的功夫马马虎虎，待人处事没个好脑子，情商不够等，这是天生钝感，没法子用后天的教育彻底改变。好歹最后嫁给耶律齐，也算名门之后。所以呢，郭芙终其一生，估计也不会被欺负，但是被郭芙欺负的，也没处说理去。

此外，郭芙的教育问题，深刻地反映了郭靖和黄蓉的原生家庭问题。郭靖无父，黄蓉无母，都是单亲家庭。不是说单亲家庭一定有问题，单亲家庭完全是正常家庭结构的一种，爱不缺乏就好，甚至有的孩子还多了两个爱他的人呢。但是在郭靖跟黄蓉两人的童年里，没爹没妈就是个事儿。因为当时还是宋代，前现代，血亲阶段成吉思汗的长子还要被他的兄弟当面骂为杂种呢。

郭靖小时候流落异乡，又没爹，所以老是被欺负。直到跟拖雷王子结了安答，被欺负才少了一点。师傅虽然有7个，但师傅只教功夫，跟父亲区别是很大的，并且这7位师傅是为了打赌才教的郭靖，教功夫这件事上，一直都很严厉。所以，在郭靖的童年，年长男性的形象一般都是严厉的。其中，只有马钰老道算是有父亲的一部分特质，温和、亲切而又慈爱。

黄蓉呢，没人欺负她，她爹对她宠溺有加，一个人就要把所有的爱都给黄蓉，除了爹的还要替早死的娘把爱给她，行事又邪乎，纵容在所难免。从小说中我们也可以看出，只因为黄药师说了黄蓉几句,不该去给老顽童送饭,黄蓉就离家出走,娇憨顽劣,可见一斑。

其实,黄蓉在遇上郭靖之前之后都是很任性的。黄蓉之所以爱郭靖,其实核心要素在于,黄蓉找到了一个像她爹一样宠溺她,而又不是爹的人。

郭靖呢,成长在大漠,是在以男性为主的群体里长大的。或者说,郭靖不懂那种温柔之爱。那么,郭靖爱黄蓉就很好理解了,因为郭靖是第一次被那种异性的温柔所打动。

就这样,两个跟自己的童年还有千丝万缕联系的人,成了郭芙的爹妈。

郭靖与黄蓉,自然要把所有的爱都给女儿。就是说,爹妈童年的不幸福,那是不能在孩子身上重现的。

就郭靖而言,自己小时候被欺负,所以他不会允许郭芙被欺负。黄蓉则是被宠溺长大的孩子,她自然会将宠溺翻倍地给到郭芙。这样的父母怎么忍心加一个手指头在郭芙身上,怎么忍心对郭芙说一句重话。

此外,还有隔代教养的问题,黄药师跟柯瞎子,那还不是把郭芙当宝贝啊。要星星要月亮,反正黄药师有弹指神通。

这还不够,郭黄一家,还是权势家庭。东邪黄药师的外孙女,当代大侠郭靖和丐帮帮主黄蓉的女儿,师爷爷是洪七公,江南七怪也名头响当当,还跟第一大教全真教有千丝万缕的联系。这样的一个宝贝,脑子又笨,脸蛋又好,又是郭黄之女，你要不骄纵，又怎么可能，想不变成无能又蛮横的富二代都不行。

当然，结果是郭大小姐做了那么多坏事错事，也许不是故意的，但总之闯祸多多，最过分的是把杨过手都给砍了。当然，故事的结尾郭芙突然发现她很在意杨过，只是气不过杨过一直不在意她。这一点，我也大致相信，因为郭芙作为郭黄长女，一向是大众瞩目的核心，怎么可以被像小叫花一样的杨过无视呢？

之后，郭黄夫妇痛定思痛，认为宠溺式育儿不对，于是对郭襄和郭破虏这对双胞胎时，就似乎变得很严格了。

问题是教育不是那么简单的非此即彼。郭芙跟郭襄是完全不同的个体，又不是木头人任你雕琢，教育方法掉了个头，又有什么用？

小说对郭破虏着墨不多，反正就是个乖孩子，身上估计继承郭靖的基因多一点。郭襄就不一样了，在侠义、豪情、热爱自由方面，基本上继承了爹妈的全部优点。这个也是没法子的，有的娃继承了爹妈的全部缺点，有的娃继承了爹妈全部优点，得看概率。除了不够像黄蓉那样古灵精怪之外，郭襄处处显出是一个大家之后。

可是郭靖黄蓉夫妇所谓的严格，其实也是可疑的。郭襄出生第一天就被李莫愁抢走了，是吃豹奶长大的，像这样一个女娃，出生没几天就历经各种性命交关的危机，日后不宠着才怪呢。所谓的严格，无非就是想要严格，而最终放纵。

比如，还在襄阳守城时，因为郭襄不听话，郭靖就不许郭襄参加天下英雄大会。郭襄自有办法，生气不吃饭：这是天下孩子无师自通的好办法——以伤害自己来惩罚爹妈。那爹妈还不得求饶啊，饿了两天，黄蓉巴巴地做了几个小菜去讨好。

这种教育手段的前倨后恭，导致之前的严格完全没用。就像有个妈妈，看孩子不乖就老是威胁说，谁谁谁，你再不乖，妈妈就要惩罚你了。但是从来就没有真的惩罚。问题是，既然言而无信，那这个妈说的话，孩子还会听吗？

当然，郭襄因为基因好，机遇好，即便仍是宠溺，还好没发生大问题。并且郭襄事业有成，还创立了峨眉派。

但我想的却是另一件事。郭襄一辈子没嫁人，因为她深爱杨过。也许，除了杨过，未必有人配得上她。人注定是孤独的，连爱情也不能抚慰，但若没有爱情的人生，是不是更加苍凉呢？

郭襄令我想起高仓健，高仓健有一个很爱很爱的女人，但他们就是不能生活在一起。郭襄孤独一生是不是意味着，父母在给孩子的教育中，还应该加入情感教育这一环呢？

所以，在重读《神雕侠侣》一书的时候，我升起了一个很乡愿的念头，就是真希望郭襄有一场配得上她的，轰轰烈烈的爱情，哪怕就像王重阳与林朝英。

谈谈所谓的"丧偶式育儿"

每每看到这些生造的词语，不由得感慨，当下的时代之喧嚣、之浮躁，可见一斑。

有人常会生造一些词汇，不管它是不是合乎逻辑。比如，有人造了一个词叫"妈宝男"，那"妈宝女"呢？为什么你要说妈宝男，不说妈宝女呢？这里面还是有一种确确实实的性别歧视。一个男的要是不独立不能干，就会有人指责他是"妈宝男"，但一个女的不独立不能干，人们就不会指责她，认为她只要找个好男人嫁掉就够了。

所以"妈宝男"这个词，表面上是对男性的歧视，更深层的意思仍是男权中心主义。只不过很多人在用的时候，压根儿意识不到这一点。

再说了，谁不是妈妈的宝贝呢。凡是妈妈的宝贝就是妈宝，我也是妈宝。童年被妈妈当宝贝一样对待过的孩子，心灵会更加健康，因为他被爱过。爱的温暖，足以照亮他日后的生活。所以妈妈的宝贝,一点也不可耻,反而值得骄傲。

但若父母不懂如何珍惜自家的孩子,不懂如何给他尊严、如何让他自由,却以控制造成了他的所谓依附性人格,这才是最大的祸害。所以,爱若珍宝本身无罪,爱不得法才是失误。

在"丧偶式育儿"这个词里面,我看到了造词者释放出的浓浓的自怨自艾的味道。以前人们说的遇人不淑、所托非人,大概就是这个意思。只不过现在的表达必须激烈,语不惊人死不休才能夺人眼球,所以要用"丧偶"这么暴烈的一个词语,来表达妈妈们的控诉乃至诅咒——在家庭教育中,爸爸死哪儿去了。

但是,我们来琢磨一下。为什么要说"丧偶式",而不是"丧父式"?真的是因为育儿中缺少了父亲吗?恐怕不见得。说"丧偶"而非"丧父",潜意识里表达的不是孩子缺少陪伴,而是配偶缺少陪伴。所以,这个主语呼唤的不是爸爸你回来,而是老公你回来。

这其中的奥秘很多心理学家早就说清楚了,在家庭关系中,夫妻关系才是第一顺位的。所以当这个主语发出"丧偶式育儿"的怨艾时,其实更多的是在呼唤丈夫回家。婚姻之中、家庭之中,因为有了孩子,所以爸爸妈妈这两个个体彼此看不见了,只看见孩子了,这是经常发生的事情。现在我们知道了,即便有了再多孩子,夫妻之间仍然需要彼此看见。

我们可不可以换一种说法,不以指责诅咒的话语方式,平心静气地跟爸爸沟通,好吗?妈妈们肯定会叫起来:"什么呀,我都说了N遍了,他听吗?"

那夫妻双方教育观点不一样怎么办?还能怎么办,用各自的方式办呗。前几天,一位师长25周年结婚纪念日,师母在朋友圈发文说:"幸福的关键不在于你们有多合得来,而在于你们如何处理彼此的合不来。"这话,颇有哲理。

关于育儿,丧偶式育儿也是正常的。因为有各种不同家庭形态的存在,单亲家庭也是很正常的家庭形态,这是有大数据支撑的。单亲家庭不是所有原生家庭问题之源,关键是爱不匮乏就好了。丧偶嘛,可能是丧了爸爸,也可能是丧了妈妈,还有可能像《小偷家族》里那样,一家人在一起居然连亲情也没有。但是他们用什么维系?用爱。

所以单亲家庭也可以过得很好,用成年人的独立、勇气与担当。一旦开始自怨自艾,就会在家庭教育中把这种情绪传导给孩子。我不信一个自怨自艾的爸爸或者妈妈,成天诅咒"丧偶式"育儿的爸爸妈妈,能培养出一个心理多么健康、阳光的孩子来。归根到底,作为家长我们得用自己的生活状态、生活方式,给孩子最大的教育。所谓教育的潜移默化之处,就在这里。

教育不是这样发生：你看见孩子在玩手机，然后扯着他耳朵拉过来，告诉他玩手机没出息。吃完饭，你自己像沙发土豆一样窝在一角玩手机。

教育是这样发生的：一家人吃饭的时候，大家都不玩手机，一边吃饭一边谈笑风生，各自聊着自己身边发生的开心事，彼此用心倾听。

你拥有了获得幸福的能力，你的孩子就能继承你获得幸福的能力。这个能力不是基因里遗传下来的，也不是你耳提面命教给孩子的，而是在每天的日常生活中，用你的行为潜移默化传递给他的。

所以我很反对情绪化的、口号式的、诅咒般的词语，这很恶毒，是这个时代浅薄与浮嚣的表现。

当然我们也会会心一笑，因为这种状况确实存在，有个段子是这样说的：

孩子问爸爸："男人是什么？"

爸爸回答说："就是能够扛起一家责任，细心照顾家人的那个人。"

孩子回答说："那我以后也要当个像妈妈一样棒的男人！"

我喜欢这样俏皮的讥讽，里面更多的是一种智慧，比光指责有用多了。情绪化的宣泄、极端的表达，甚至诅咒式的话语，并不是一种建设性的态度。

我并不是想为天下男人说话，只是想说，如果你是爸爸，你当然会在亲子相处中获得极大的快乐，自然也在家庭教育中负有不可推卸的责任。乐趣和责任是并存的，但这需要另开一文，来谈论爸爸的意义了。

你愿意孩子成为一枚"学渣"吗?

曾经微信上有一篇爆款文章,标题叫:2018,我宁愿孩子做一枚学渣。

故事是这样的:上小学四年级的儿子早上出门前跟家人说再见时,爸爸还坐在沙发上生闷气。因为就在 5 分钟前,他一把抓起儿子的英语课本朝墙上狠狠攒去,一边怒吼:"不想读就不要读了!"儿子一脸错愕地望着爸爸,不知所措。

本来是特意早起陪儿子吃早饭的,后来妈妈一看离上学还有些时间,就拿出英语课本说,要不再让儿子读一遍英语吧。过两天就要月考了,这些天一直在催着儿子做习题、背诵课本。看到儿子站在书桌前,嘴里嗫嗫嚅嚅,一副很不情愿的样子,爸爸骤然升起一股无名火。但书扔出去后,这位爸爸又后悔了,十分自责,一时却不知怎么开口,只有默默坐着。

这位爸爸是我的好友,他其实是一位知名的专栏作家,经常撰文批判国内应试教育,但他在这篇文章里写道:"我可耻地发现,自己正在走向曾经的对立面,却又深感无能为力。"

这样的场面以及失控后的自责,其实我们每个人都经历过。但像朋友这样反思之深的,却并没有几个。读过这篇文章,我感觉到的是笼罩我们每个家长身上的深深焦虑。

对很多知识分子家庭而言,父母接受了现代的民主的教育理念,以及平等的亲子关系,而学校的教育机制仍保留着传统的威权性质,并没有给孩子提供他们所希望的教育环境,这是很多父母焦虑的核心所在。

但我想,如果我们能够重新思考一下小学、教育、家庭教育这些词语的概念,也许就能显著地减轻焦虑。

我把自家娃送去了一个普通的公立学校,原因有很多。其中最重要的就是我对上述几个概念的不同理解。

比如"小学"这个概念。

在我看来,小学是一个空间,是一个场域。孩子们到小学来做什么,是来成长的,是来生活的,是来练习他的社会成熟的。学校里有很多同龄人,他们在与同龄人的相处中学会如何与世界打交道。目前,在多数城市和乡村,只有在公办小学中才有这么多同龄人,来一起建构这个亚社会。这个亚社会的特质,对孩子们来说至关重要。

所以,我们需要打破将小学等同于应试教育初步阶段这一观念。学校不重要，唯一的童年才重要。我们要将评价的眼光放宽一点、长远一点，将评价的标尺多元化一点，不以考试分数为唯一标准。

那么，我们又该怎么理解"教育"这个词呢？

教育是什么，历代教育家、哲人有过很多描述，我们很难在这里下一个面面俱到的定义。我愿意这样来描述：教育唤起人的自我认识，让一个人觉醒，让他去追索自己的命运、发现自我的使命，从而有力量去追求更好更自由的生活。我曾有一个演讲叫作《以自由看待教育》，只有通向自由的教育，才是好的教育。朋友顾远兄说过一句提神醒脑的话：好的教育让人踏入生活之河而面无惧色。

有了这个认识，我们才有可能逼近教育的本质，才会拥有不那么短视的眼光。当下，因为被教育评价体系裹挟，很多家长只看到应试。应试也许不可避免，但却不是教育的全部，我们切切不要把小学教育等同于考试分数，那就极大误解了教育的本义。

我们是有自己理念的家长，既然已经建立了这么多认识，就应该明晰最重要的事情在学校之外，尤其是家庭内部。我们要具备多元的评价指标，不以学校一刀切的标准来衡量自己的孩子。

有家长担心，家庭内部给与了宽容的氛围，但孩子在学校会受到一刀切评价标准的压力。其实这个担心不必有。一则，孩子其实远比我们聪明，他一定能建立一种良好的平衡关系。二则，当我们在家庭内部给与了孩子足够的爱、足够的信任时，孩子便会有开朗阳光的个性。保护好孩子的天性以待来日，他必能发挥自身的潜力。

关键在于家长不能臣服于一刀切的应试体制，非但不帮孩子肩住黑暗的闸门，反而变本加厉。这是家长的心态问题，而非孩子的问题。绝对权威的、控制型的管理，对孩子的个性成长是非常不利的。控制下长大的孩子，也许会不够自信，也许会习惯于依附权威。

河合隼雄的《孩子与学校》里指出了很多日本教育现状中的弊病，我读过之后却发现，这些所谓的弊病，在中国教育中尤甚。河合隼雄开出的处方是，要让教育更为宽松，要为学生真正的幸福着想，家长和老师应该有更为多样的价值观。在学校靠分数，在社会上靠金钱，用数字进行整齐划一的排名是无法判断孩子的价值的。

曾经写过一篇迪士尼动画片《冰雪奇缘》的影评，核心只有一句话：只有在自由中，教育才是有可能的。

年幼的艾莎发现自己有制造冰雪的魔力，在一次和妹妹安娜玩闹时不小心误伤了妹妹，于是被爸爸妈妈关进了深宫。这就是控制型父母的表现，因为怕出危险，因为爱孩子，于是将孩子关禁闭。试问，这样的方式如何能让孩子发挥潜能，学会利用与生俱来的魔力呢？

每一个孩子都是会魔法的。爱让生命呈现自由状态，只有在自由的状态下，在允许孩子们犯错的前提下，他们才能学会掌控自己身上的魔法，我们对孩子的教育才可能发生，孩子的自我学习能力才能被唤起。

艾莎不懂得利用自身的魔法，因为她一直处于管控之中，无法自由地学习。于是，在加冕典礼上错摆乌龙，被大家认为是女巫，只身逃亡到绝无人烟的深山老林。但就是这里，艾莎任性而为，她身上的潜能得到了充分的发挥，她创造出了一座精美绝伦的冰雪皇宫。看这一段时，菜虫在一边哈哈大笑，我却泪流满面。因为，我在这里看到了教育的真谛——只有在自由中，教育才是有可能的。

第二辑

给你爱的人
以尊严

给你爱的人以尊严

暑假,非虚构写作成人班做了一次线下工作坊,地点选在"盛世公主号"游轮上,为期四夜五天。说实话,就我而言,这是那年暑假最快乐最没有压力的一段时光。不过呢,在邮轮上也目睹了同船很多人的行为,如鲠在喉不得不讲。公共场合大声喧哗,这是我们的标配了。自助餐浪费严重,吃一半扔一半那也是常见的,谁叫我们是一个有着极其悠久的饥饿记忆的民族呢?我还看到拼命往包里塞免费茶包和糖包的,令人不禁想起吴洪森先生的名作《偷点白开水》。同行的学员跟我说:"你看那些老外服务员,对我们中国游客并不友善。"这点我也感觉到了。但是,我们对自己友善了吗?

最看不下去的是有几个带着孩子坐邮轮的家长。吃饭时,我听到隔座妈妈威胁孩子,"你要不乖,就把你扔海里去"。还有一个奶奶,一顿饭的时间,不断数落孩子吃东西把衣服弄脏了。这么数落,孩子还能吃好这顿饭吗?

工作坊的最后，每个人写一篇半命题作文《我看见了……》。我就把我看见的现象写了出来了，题为《在邮轮上，我看见了小鸡鸡》。这个标题有点少儿不宜，但我真的看见了，只是家长并不以为意。

那是一个中午，16楼的自助餐厅，我看见一个爷爷模样的老人带着一个大约3岁的孩子，孩子在前面自己走，步履蹒跚，爷爷在后面跟着。孩子上身穿一件T恤，我迎面走过去的时候，看到这个孩子敛起了T恤的下摆，于是，我看见了一只真实的小鸡鸡，他没穿小内内。

说实话，那一瞬间我尴尬到脸都绿了，恨不得装作没看见。但是，就在你面前，那只小象鼻子摇啊摇的就像个特写，直到过去快一个月的时候，还在我眼前摇晃。

不得不承认，这就是很多中国父母育儿的常见现象。他们觉得孩子小，没关系，于是特别不在意孩子的隐私，也不在意孩子的尊严。难道这些家长不知道吗，隐私和尊严是联系在一起的，隐私就是尊严的一部分。

小鸡鸡就是隐私，这毫无疑问。而自助餐厅是公共场合，怎么可以如此开放呢？大人也许振振有词，"他还小，没关系"。但是隐私不关年纪大小，隐私就是隐私。你对孩子隐私的尊重程度跟你对自己隐私的尊重程度，应当是没有差别的。一个成年男人是绝不可以这样暴露的，那是露阴癖，那是猥亵。可是一个3岁的孩子，怎么就可以了呢？

这里，还有一个边界的问题。很多家长没有隐私的概念，对边界的分寸也不够清晰，越界之事就不稀罕了。从小不尊重孩子的隐私，孩子自己也就习惯于不尊重自己的隐私，公共意识也就淡漠。

其实，这样的事并不鲜见。当年香港迪士尼开业，开放香港自由行，大陆游客便多起来。于是，经常见到在迪士尼乐园随地大小便的报道。我还看过一个新闻，一名中国游客带孩子去叶卡捷琳堡，在俄罗斯的国宝级宫殿里随地小便，俄罗斯舆论哗然。当然，国内媒体是不会报道的。这都跟我们不尊重隐私，没有公共意识有关系。

尊严是和隐私相关的，有空间、有边界、有隐私，这是让一个人拥有尊严的前提。尊严是自小开始培养的，只有把孩子当作一个独立的个体，这个孩子才可能是一个独立的个体，只有把孩子的尊严看得至为重要，孩子才会生出足够的人格尊严。

但是这个边界感，很多人总是拿捏不好。前几天我写了《小欢喜》的剧评，这个剧里的两个妈妈——宋倩和童文洁，都是没有边界感的。宋倩是控制过头。而童文洁呢，因为担心儿子方一凡早恋，居然偷看已经读高三的儿子的手机。儿子表示了不满，而童文洁一点也不觉得自己的行为已经越界了。我觉得表达不满还不够，方一凡应该更强烈地抗议。大家都习以为常地认为，小孩子有什么隐私啊。但这就像我们小时候，有些控制型的妈妈偷看女儿的日记一样不可原谅。

就个体而言，尊严和人格独立是相辅相成的。就公共领域而言，尊严则是文明的基石。这就是我之前看到的，邮轮上的外国服务员，多数时候看上去彬彬有礼，很有服务意识。但从一些小事情来看，他们颇不尊重中国游客。但我想问的是，这些偷茶包的中国游客，这些留下一大堆一大堆垃圾的中国游客，自己先尊重自己了吗？

要问尊严有什么用，就实用理性而言，尊严还真没什么用，又不能当饭吃。但我们前面说过了，只有饥饿记忆悠久的民族，才一天到晚认为"民以食为天"。

这两年带孩子们游学，去国外多次，有时候总觉得我们的孩子吵，没有边界感，公共意识不够。去年在日本，我们在京都的一家店里吃定食，下车前千叮咛万嘱咐，要安静，小声说话，到了饭馆里，我还是觉得沸反盈天。我正生气呢，突然进来另一队中国游客，比我们这队小客人分贝还要高出无数。刹那间，我就觉得我们的孩子素质真高。真是没有比较就没有伤害啊。

这几年，见过的孩子越来越多，每次看到这些孩子，我都看到了这些孩子背后的家长，于是就越来越明白细节的价值。在日常的家庭相处里，教育就是由许许多多的细节构成的。当然我们没法关注到每一个细节，但只要存了这个关注细节的心思，自然就会有很多观念的提升。

也说孩子们的"丧"

很久之前,久到大概要 15 年之前的样子了,我写过一篇文章,名为《靠你一个人改变不了世界》。我小的时候,人挺傻的——当然,现在人到中年也不见得聪明了多少——那些见过世面的过来人都会以为,小蔡大概是妄想改变这个世界。所以,他们总是劝导我,拍拍我的肩膀语重心长地说:小蔡,靠你一个人改变不了世界。文章发表在博客上,白宇极兄留言说:"如果靠你一个人不够,那么再加我一个。"

有一个校长,很聪明,在我辞去学校中层职务的时候,豁达地跟我说:"小蔡,我理解你,你是不想跟他们同流合污。"说实话我当时很想跟这位校长热烈拥抱,因为他居然知道自己是"污"。

人贵有自知之明啊。

后来,我跟白兄也都有了自知之明。其实,我们不是想改变世界,而是想不被世界改变。我在《寻找有意义的教育》

一书的后记里讲了这个意思，现在看来还是很任性。因为现在流行的是，我就是喜欢看你干不掉我又不得不跟我一起努力干活的样子。

"我全部的努力，其实完不成一个普通的生活。"这句话是白兄用来揶揄我的，多年来我一直不知道出处，直到不久前看了一个公号的推送，才知道是化用了穆旦的诗句，我才明白白兄对我的揶揄是多么有文化。

而我们的"丧"在何处？在于，你想要的普通的生活，也不可得。

暑期我带着好多孩子去日本游学，为时7天。在日本的最后一天，赶返航飞机的大巴上，我给游学的孩子们提了一个问题：为什么我们在日本见到的小孩，他们也像我们一样在进行暑期游学，但是据我观察，他们就不像中国小孩那么爱玩手机游戏呢？

孩子们七嘴八舌，讲了很多理由。其中一个理由是，日本的孩子拥有的好玩的事情比我们多，这一点我很内疚表示无言以对。作为成年人，作为教育者，这一点亦不能一概而论推给体制。我的内疚在于，我们这代人都是深受应试教育之苦的，但当我们成年后给孩子们安排的却是比当年更严苛的考试制度。

你可能会耻笑我，别臭美了，肉食者谋之，你有机会参与这个制度的安排吗，你连个小小总务处副主任都当不久！

我确实没有机会,但我们是不是就没有参与对孩子们的压迫呢?

从大阪到东京,一路都是高速大巴。至少在这一路上,我就在高速路边上,看到了4座棒球场。在京都的神道宫,一边是一个封闭的棒球场,很多孩子在里面打球;一边有一家星巴克,星巴克门口是个小广场,一群孩子在玩滑板,还有男孩在踢足球。这些孩子体育运动的时间,户外活动的时间,与人交流的机会,都比较充裕。

前几天,我被一条《平成最后的夏天,甲子园第100回,这是漫画也不敢有的神剧情……》的推文刷了屏,讲的是农民出身的金足农业高校棒球队打入决赛的故事,看的人热血沸腾。但更令人沸腾的是这篇文章下的第一条评论:奥数,奥语,英语,补习班,衔接班……这就是我们的热血,我们的青春。

这也使我加深了一种看法,中国孩子不是学得太少,而是玩得太少。自始至终被逼着去学习毫无兴趣的东西,他们何以可能有机会充满激情地从事愿意为之付出热情的事业呢?

丧,就是这样来的。因为孩子们知道,任何能让他焕发原力的事情,都是得不到同意的。为什么没有激情,为什么没有创造力,为什么没有未来,为什么"丧",无非就在这里。

这也是我与白鱼文化迟迟不愿意开一个专门给孩子的经典读书课的原因。我怕我们的努力，非但没有能够引导孩子们热爱读书，反而再度剥夺了他们少得可怜的自主时间。如此矛盾，如此纠结。

而做营队和做游学则不然，我们主要是带孩子们玩，尽管有时候安排得还不够完美，但这些技术层面的我们可以改进，关键是这一趟完全无所要求的游学，我们与这些有眼光的家长一起，给孩子创造了一段心灵完全可以舒展的时光。这就是我一直在说的，为孩子造梦。

但问题就出在这里，即便是造梦，还有用吗？尤其是当下，面对无限的"丧"信息的淹没，你居然还敢说"为孩子造梦"，这是自欺欺人呢，还是掩耳盗铃呢？

然而我总还是不甘心，虽然时常觉得空虚。然而用什么来填满这无尽的空虚呢，似刀锋静静穿过心窝。唯有一条路，就是用做事来换回丁点存在感。

夏令营的时候，我给孩子们读了《中国故事》里的"范丹问佛"，读到故事中那句"但行好事，莫问前程"，营队里可爱的小徐老师笑了出来，也许她觉得阿老师居然在灌输佛教伦理。可人生至理不就在此吗，你只管做事，别管有没有用。

《呐喊》自序里有一段话：我虽然自有我的确信，然而说到希望，却是不能抹杀的，因为希望是在于将来，决不能以我之必无的证明，来折服了他之所谓可有。

究竟多少收入，才能撑起孩子一个暑假

"月薪三万，撑不起孩子一个暑假"，这是广州一位企业高管妈妈的忧心。这位高管妈妈还晒出了女儿暑假的支出账单：

一趟美国行　　10 天 20000 元

暑假需请阿姨照顾　　5000 元

钢琴考级，每周 2 节钢琴课　　2000 元

游泳班　　2000 元

英语、奥数、作文培训　　6000 元

以上几项开支总计 35000 元。

照我看，这个账单其实一点都不贵。美国行 10 天只需要两万元，这肯定是个平价团。我有朋友在做美国游学，10 天最低价是 3.6 万，另一个团则是 12 天 4.8 万，这要看请来带团的导师是谁。阿姨 5000 倒是差不多；钢琴考级，每周 2 节，

居然一个月只要2000元，这个钢琴老师身价不高啊，据我所知，二三线城市较好的钢琴老师每节课1小时，每小时收费800~1000元，上不封顶，每周两次的话，至少得6400元；游泳班2000差不多；英语、奥数、作文培训，一个月竟然只需要6000元，平均每门课2000元，这老师肯定也是大路货，一般名师的班，小班化的教育，每门课一个月5000也是有的，这样，三门课，1.5万总要的。这么看来，一个暑假，孩子身上的花费，至少需要6.44万元。

正所谓，没有比较就没有伤害，月入3万已经很厉害了是不是，但你若对所谓"教育品质"要求再高一点，父母两人加起来月入6万也还不够。俗话说得好，没有最高，只有更高。舍不得花钱，换不来孩子的成长。于是，在很多人眼里，教育这个东西，就如同这位高管妈妈所理解的那样，直接简化为拿钱堆起来了。但是，你再有钱也还是填不满"教育"这个坑的。即便富可敌国的亿万富翁，要是心态跟这些"中产"一样，那他还不得为孩子量身定制从幼儿园到大学到博士后的整套教育体系？那他们也会感到缺钱——地主家也没有余粮啊。

所以，荒谬的不是暑假班，而是家长的心态。不知道为什么，一旦成为中国家长，每个人就都焦虑起来。焦虑，成为中国家长的普遍心态。所以，广州高管妈妈这份账单，与其说是在晒给孩子的教育清单，毋宁说是花钱买个心安，以便缓解自己的焦虑。至少，我们给孩子报班了啊，至少已经采取了行动。但是，绝少家长会自问，这真是孩子所需要的吗，这真是教育的价值含量所在吗？

一部分自认为属于"中产阶层"的家长有一个信念，不能让孩子输在起跑线上。为此，恨不得起早摸黑在起跑线上抢跑。看看北上广深一线城市火爆的教育培训市场，你就知道家长的焦虑有多么巨大。那些在门口等着孩子下课的家长们，掐着时间，在微信群里讨论着哪一家培训机构更好，一节课结束，马上驱车前往另一个培训机构。因为人家的娃报了奥数班，我家娃若是没报，岂不是吃大亏了吗？出国游学也一样，别人家的孩子已经在欧美国家用英语跟老外流利地交谈了，我们家娃怎么能还操着一口本地方言？

根据一个调查，孩子们最不爱听的话就是"别人家的孩子如何如何"。但我们家长总是只看到别人家的娃，自家娃要是抗议，家长自有法子怼回去："你还小，现在还不懂，爸爸妈妈这么做是为了你好，你以后会知道的。"

根据这个逻辑，所谓的教育就成为报班比赛，或者花钱大战。那么，所谓的教育便成为一个你有多少钱也填不满的巨坑。

当然，家长的焦虑形成原因并不单一，也不应一味责怪家长。只是，家长心态的调整，还需要自身的努力。比如，我们可以考虑一下，人生难道真的只是一场赛跑吗？那么多孩子，真的都能站在同一条起跑线上吗？20世纪80年代中期以来，多元智能理论成为风行全球的国际教育新理念，每个孩子都是独特的，都有各自擅长的领域，这些孩子将来都会凭借自己独特的智能、持续学习的能力，在这个多元的世界上获得一席之地，甚或在自己所长的领域内做出显著的贡献。如此，家长在漫长的童年准备时期，过多的焦虑又有何必要？

我总认为家长的焦虑多是过虑，是将自我心态不恰当地投射在了孩子的教育上。比如起跑线的概念便来自家长的竞技心态，又比如我们肯定都希望孩子优秀，但前提是需要正视以及接纳孩子平凡的可能。那种不愿意接受孩子平凡的心态，有没有一种等级观念的残留呢？而一天到晚盯着别人家娃的那种心态，尤其是一种没有自信的表现，难道作为一代崭新的家长，一个应该拥有理性的自我觉醒的现代家长，还不能摆脱这种攀比与虚荣的心态吗？一个内心不自由的人，才会一天到晚盯着别人家的娃。

我自己做了12年父亲了，最近几年的身份，则一直是一个小学生家长。我也有很多焦虑，也有很多不安。我曾用"见招拆招"这句话，来描述我作为小学生家长时遇到问题时的做法。一旦身为家长，便需要不断面临新问题，从而进入了不断学习、不断成长的过程。没有一种一劳永逸的办法可以解决我们的焦虑和不安，也没有一种培训班可以教会我们的孩子一键解决所有问题，从而在未来的人生中轻而易举打通关。身为父母，我们自己过得并不容易，同理，孩子们也不容易。

但这 10 多年的父亲生涯，让我有一个很深的感悟：在家庭教育中，父母的自我成长是至为重要的。身为父母，难以避免焦虑，但需要将这些焦虑，化解在自我身上，不要被这些焦虑所裹挟，进而不恰当地表现在我们的教育行为上。这不但对孩子的成长无益，甚至会对孩子有所伤害。很多教育俗语都在讲述着一个同样的道理：爱你所以折磨你，我们亲手剪断了孩子的翅膀，却怪孩子不会飞翔。

那么，父母的自我成长道路又在何方呢？我们可以试着去了解儿童，去了解教育的本质。了解儿童，一个是要了解儿童的普遍认知特点，一个是要了解自家的孩子，他与别的孩子的共性在哪里，独特之处又在哪里。爱阅读的家长，凭着对孩子的爱，自然会找到皮亚杰、蒙台梭利以及河合隼雄。对这些大师的阅读，可以提升我们的认知，从而显著地化解焦虑。

而教育呢，我想，我们这些做父母的，也需要突破体制化思维的窠臼，站在一个更高的认知层面，去了解面向未来、面向信息时代、面向人工智能的，总之是未来的大趋势的教育，究竟应该是怎样的一种教育。

我所敬佩的朋友，Aha 社会创新学院创始人顾远先生，在一次教育创新论坛上讲到了教育的第一性原理,"每个人天生都是爱学习的,教育就是要帮助学习者充分地发挥自己的学习天性"。顾远先生认为,好的教育应该尽早、全面地激发学习者的好奇心、创造力,鼓励他们多问为什么,创造机会让他们在真实的世界中实践并反思,帮助他们找到自己真正感兴趣的领域并持久发展。我非常认同这些观点,与我平时的思考,颇有契合之处。

当我们更多地了解了孩子,了解了教育的本质,了解了我们身上焦虑的来源,那么,我们心平气和地与孩子相处便成为了可能。至少我们能明白,并不是花钱越多教育便越高级。对于一个家庭而言,适合自家孩子的教育,才是最好的教育。

一次高品质的游学,确实能让孩子焕发出崭新的成长动力,有余力的家庭自然可以送孩子去欧美游学。教育的成果不仅仅在于开阔孩子的视野,更在于激发孩子的成长动力。

但更多月收入没有3万的家庭,未必就会因为没有出国的机会而输在起跑线上。哪怕月入3千,同样有适合自家孩子的学习方式,归根到底取决于家长的视野。教育就是拼爹,拼的核心就是教育理念。这不是穷人的高傲,而是教育的奥秘所在。

我认识一位才华横溢的作家,在成为辣妈之后转型去做儿童教育。不久前,她在厦门古山重做了一个月的营队,因为收费较低，而成本太高，虽然一个月累死苦死，但几乎没挣到什么钱，而她还要维持一个团队的运营。我一直在观察她的营队，于是我知道，营队在商业上不怎么成功，完全是因为她太爱孩子，付出太多。但就教育层面而言，她做出了最好的营队。孩子们在这个营里，获得了前所未有的体验感，从身心多个层面获得了持续的成长动力。

我还有很多在做教育公益的朋友，他们在贵州、云南、甘肃、内蒙古等地，趁着假期给当地孩子做各种免费的夏令营。我不能一一提及这些令人尊敬的朋友的名字。而之所以要写到这些人，以及他们所从事的免费的或者并不昂贵的平民教育，只是想重述一下这个道理：真的，在孩子的教育上，钱确实不是最重要的问题，家长的教育观念才是最核心的要素。

这些特别有趣的，对孩子的成长具有长远影响的，并不需要用钱堆出来的教育活动，其实在每个地方都会有，北上广深自然更多，只要你愿意关心、愿意寻找，总能找到。

最后，我想说句大实话，花那么多钱报那么多孩子不乐意上的依附于应试教育的补习班，非但没什么用，还会戕害孩子的学习积极性。归根到底，选择最适合自家孩子的教育方式，唤起孩子的原力觉醒，激发其好奇心，鼓励其一生不竭的持续学习的动力，并且从有所创造中获得意义感与价值感，才是一个明智的家长能带给孩子的最大财富。

不玩电子游戏的小朋友
不是合格的好学渣

在我们家,菜虫使用手机是完全不受限制的。非但我这般对待此事,我的几个朋友也都是这么做的。和菜虫一起玩的几个小朋友基本上都有自己的手机,有独立的电话号码和微信号。手机上自然也装了不少游戏,像《海岛战争》《CF》《我的世界》等,《王者荣耀》当然也少不了。

总体而言,菜虫不太迷手机游戏,我想这大概是因为不稀罕的缘故。只是最近一段时间他又开始玩《我的世界》了,玩的频率比以前高,但我知道这其中的原因。最近他看了电影《奇迹男孩》,还在读《奇迹男孩》的书,电影里小男主角奥吉在玩的游戏正是《我的世界》,于是菜虫又被激发了一下。在电影《奇迹男孩》里,《我的世界》这个游戏成了那个伤害奥吉的男孩向奥吉道歉的媒介。我很喜欢《王者荣耀》的研发者说的那句"《王者荣耀》不是游戏,而是一种社交软件",这个见解很高明。

可惜多数家长并不这样理解,他们总觉得玩游戏是学习的天敌。不仅如此,很多家长对学习的理解太简单,有的直接简化为刷题考试,这是对学习的极大误解。再加上家长们不理解游戏,就总是觉得两者冰火不相容。

在晓风书屋和粲然对谈的时候,我们也谈到了父母与电子游戏对孩子的争夺。粲然的发言之所以能抓住为人父母者的心,很大一个原因在于她的理解很深,能看到事物表层之内的核心因素。我们不能武断地说电子游戏不好,你不能玩那个,这是暴力和控制,对孩子来说是无效的。父母需要一些更深入的了解,比如,究竟电子游戏哪一点吸引了孩子,从而才能找到相应的处理办法,甚至找到替代品。就像孩子有一段时间爱玩植物大战僵尸,他的兴趣点是好奇下一波出现的究竟会是怎么样的僵尸。所以,这能叫沉迷于游戏吗?我觉得不是,倒认为这是一种天然的好奇心。

我向来认为玩游戏挺好的,玩游戏就是学习啊。但绝大多数家长是不同意孩子玩游戏的。现在过了PC时代,进入了手游时代,家长的焦虑更多集中在手机游戏上,多少亲子矛盾都因为手机而爆发。

我觉得,玩手机游戏不是孩子的问题,根子还在家长身上。亲子陪伴少了,亲子共读少了,户外活动少了,诸如此类,就是有效陪伴太少了。父母虽然人跟孩子在一起,但是并没有看见更没有进入孩子的世界。孩子在父母这里得不到呼应，在游戏里得到了。

此外，学龄期的孩子只要在家，父母就一个劲儿催着写作业，可写作业哪有手机好玩啊？！你玩"跳一跳"不也玩得不亦乐乎。你一边自己玩游戏，一边逼着孩子写作业，这算什么事儿啊。

让孩子对手机不上瘾，其实只有一条路，就是破除手机之于孩子的那种稀缺感和神秘性。

比方说，家里有个密封的纸盒子，出门前，你对孩子千叮咛万嘱咐"什么都可以玩，这个纸盒子千万别打开"。等你回来的时候，纸盒子必定是打开的。如今手机就是这个纸盒子。

一般家长的误区在于控制，但越控制，越失控。我们跟孩子的相处，耳提面命要有一个限度，要学会适可而止。有时候，养孩子像手里捏一把沙子，你越用力，沙子漏得越快，而孩子比沙子聪明。

控制是没有用的，高压之下必有反抗。孩子在你面前可能不玩手机了，但在你看不见的地方往死里玩。菜虫不太喜欢一个小伙伴，约人一起玩的时候总不爱叫他。我纳闷，就问菜虫为什么。结果竟然是这孩子没手机，但酷爱手机游戏，每次跟菜虫在一起就抢菜虫手机玩，菜虫自己就没得玩了。你看，这样非但无益于帮助孩子建立跟手机游戏的良好关系，还会加深孩子的匮乏感。

所以，别把手机搞成孩子的稀缺资源，越稀缺，越难以戒除。

也有家长反问："我家娃，手机给他了呀，他不稀缺，可他为什么一直玩一直玩？"请注意，我前面说过了，家人之间的有效陪伴很重要。

在当下这个时代，手机已经是移动的信息处理器了，家长需要建立对智能手机的重新认识。手机上那么多应用，它完全可以成为孩子们学习的工具啊。所以说手机只是中性的工具而已，就看父母怎么引导孩子们。

讲个真实的事。2017年7月份，我很忙，菜虫的小伙伴们的爸爸妈妈也很忙。考虑到这些小朋友基本上都已经超过10岁，可以单独待在家里了，于是，我们经常把几个孩子送到其中一个孩子家，没有大人监护，他们自己玩。

那么问题就来了，这些小朋友每个人都有手机，上面都装满了游戏，他们有可能一下午都在玩游戏，爹妈究竟管不管呢？

这个担忧其实我也未尝没有，但是观察了几天发现他们并没有玩游戏，而是在拍电影。

是的，他们用手机拍了一个暑假的电影，拍得很正式，导演、编剧、主演各司其事，编剧还有手写的剧本呢。后来，他们还成立了一个电影公司，叫JSC电影公司。

有个热心的爸爸每天晚上将孩子们拍的片段剪辑、配音，然后上传到我们的微信群。但有一个条件，我们这些爹妈必须在群里发红包，名曰：买电影票。JSC电影公司的几位成员共享我们发的红包。一个暑假，靠着高端的电影艺术，这帮孩子也赚了不少钱呢。

　　为什么通常孩子们聚在一起总是要玩电子游戏，而这几个孩子不刷游戏，却干上了拍商业电影赚爹妈钱的事业呢？我有点小小的自得，觉得这可能跟我2017年寒假做了一期名为《制造梦工厂》的电影主题冬令营有关。那一期冬令营有一项活动就是用任何可能的设备拍一个电影短片，其中有两个孩子是去参加了的。所以我说手机是工具，看爹妈怎么引导。

孩子，去发现生活的可能

央视前主持人李小萌曾经在一个演讲中引用了克里斯托弗·莫里的一句名言，而引发了很大争议。她说："什么是成功呢？这个世界上只有一种成功，就是能以你自己的方式度过一生。"

批评者说她傲慢，认为只有具备一定社会地位并获得财务自由的人，才会说这样的话，底层民众还在为温饱而奔波呢！

我觉得这些批评者错了，用你自己的方式度过一生，这确实很奢侈，但这种奢侈不论经济上贫穷或富有，都是均等的。不是说一个人有钱了就一定能活出自己，也不是说一个人没钱就不能按照自己的方式去生活。

像我这样一个基本解决温饱问题的爸爸，财务自由对我来说是个传说。可我也说过这样的话：孩子，你有权一生虚度光阴。

当然，这里侧重的是"你有权"，而不是你一定要去"虚度光阴"。

大概10多年前，我读了小说《牧羊少年的奇幻之旅》。牧羊少年圣地亚哥每天都会做同一个梦，梦见在遥远的南方，沙漠的中央埋藏着宝藏。但他一直没去验证这个神奇的梦是不是真的，因为他看上了杂货店老板的女儿，这份小小的爱情，让他没有动身。也许有人觉得圣地亚哥太没出息了，但在我看来，这个细节十分动人。

作为70后，我小时候经常看的一部动画片叫《聪明的一休》。一休最喜欢小叶子，桔梗店老板的女儿很喜欢一休。我觉得，这种小小的喜欢都是生活中最为动人的细节。后来，一休成了一代高僧。但对我来说，最动人的不是一休和尚的成就，而是平凡生活中那些温暖的细节。不管大时代，还是小时代，这些微小的感动，都是不可多得的小确幸。

我很爱这些小确幸。

但我们现在这个时代是被看作大时代的。一般而言，大时代都充满了宏大叙事，比如，理想要崇高，目标要远大。对个人而言，每个人都希望能够出人头地，成为人生赢家。但是，这些所谓的成就，是不是只为了让别人看见你？你有没有倾听过自己内心最真实的声音。

而且，即便在大时代，即便是那些杰出的大人物，他们的生活也是基于日常。我们看到的很多名人，很多杰出的天才，他们也不是每一个瞬间都与众不同，在生活中，他们跟我们一样，也会被鸡毛蒜皮的小事纠缠。

人生的真相是，我们都必须经历这些细碎的鸡毛蒜皮，并让这一地鸡毛构成我们的真实生活。

今天我们谈教育，谈如何做父亲。我发现，似乎没有比中国人更重视孩子的了，孩子成了家庭的绝对唯一核心，而我们也对孩子寄予了重重的希望。

因为我们自己是功利的，以成败论英雄，所以我们觉得孩子一出生就处在竞争之中，我们的孩子也需要成为人生赢家。所谓望子成龙、望女成凤，所谓吃得苦中苦，方为人上人。在我们的语言里，一向不乏这类庸俗的励志词语。这些词语里，归根到底是这样一种庸俗的成功学。

不过，我不太一样。

11年前，我有了一个孩子，我把他的小名叫作"菜虫"，因为虫子，其实很渺小，我们每个人，不都是很渺小的吗？

我的朋友常立是浙师大的副教授，也是一位儿童文学作家，他写过一个故事叫《变来变去的小爬虫》，讲的是小爬虫想要变成各种巨型的看起来很厉害的动物，但最后还是安于当一条小爬虫的故事。因为，小爬虫有小爬虫的自我，他不需要为了别人而改变自己。或许，假以时日，虫子也是可以化茧成蝶的。我也希望他拥有这些世俗生活的微小惊喜。

在《牧羊少年奇幻之旅》里，圣地亚哥后来在撒冷之王的启示下，认识到了自己的天命，历经艰辛，终于找到了宝藏。

但这里，我想提请大家注意的不是宝藏，而是天命。一个人，生来是有天命的，但需要你自己去发现，看你能否意识到、领会到。孩子也有自己独特的天命，但这个天命，也是需要他自己去寻找的，我们家长说了不算。

诗人苏轼有首诗，叫作《洗儿诗》：人皆养子望聪明，我被聪明误一生。惟愿孩儿愚且鲁，无灾无难到公卿。写这首诗的时候，苏轼刚从乌台诗案里脱身，经历了一生中最大的苦难，所以他才会对孩子有这样的期望。

我倒觉得愚且鲁本身，虚度光阴本身，也可以是一种人生选项。只要这是自己选择的。

以前我常说"人生识字忧患始"，真的是这样，因为，你一思考哲学、一揣摩文学，你的痛苦就随之而来。所以，人类一思考，上帝就发笑。

然而，我们知道，一地鸡毛也好，充满痛苦也好，这都是真实的人生。我们的孩子迟早也会跟我们一样告别童蒙，进入这样的人生。

我多么希望，我们的孩子可以拥有一个纯然美好，没有痛苦的人生。然而，这可能吗？

我认为完全没有问题，你有权拒绝那些外界赋予的责任，你有权一生虚度年华，只要你自己愿意。有一种人生的选项就是做一个完全无益于人类文明进步的人，完全无益于世道人心的人。你只需要游手好闲、虚度时光。你完全可以浪费自己的生命，这是你的第一权利。

至于有朝一日，你跟圣地亚哥一样，在某种启示之下认识到天命了，那么，这个时候你就会自我选择，而这个自我选择对你来说是自由的。

这时所选择的，才是你自己的天命。可是，一个人领受天命既是一件幸运的事，也是一件悲惨的事。幸运在于，你将会找到自己的人生；悲惨在于，你恐怕再也不能让自己荒废时光了。所以，最好的结果就是，你欣然发现一生的使命就是虚度时光。

虽然，我现在说着虚度时光这样的话，但是我自己的前半生却很努力。我努力半生只是为了让自己可以虚度光阴。努力地虚度光阴，似乎很悖谬、很矛盾是不是？但人生不就是这样充满矛盾吗？

就像我认为，人生的真相就是一地鸡毛，就是狗血剧情再加上各种翻转，但人生确实还有小确幸，关键在于个体是不是拥有一种力量，能从这些鸡零狗碎、一地鸡毛当中超拔出来。

所谓的天命，就是去发现生活的真相、发现人生的可能并尝试去赞美这个残缺的世界。

说说宠物式育儿和所谓的"妈宝男"

清明小长假,一位小学生的妈妈收到了老师发来布置假期作业的短信,内容是这样的:各位家长好,阳春三月对于孩子来说,走进自然比待在室内做题更重要,所以清明假期没有数学作业。这三天,让孩子学会系鞋带,学会做一道菜,增长生活技能。

这位妈妈收到短信很是激动,忙转给我看,她欣喜地说看到了老师的变化,至少不再以刷题作为唯一的作业了。我看了也很激动。终于,生活技能这个东西老师也看到了,居然让爸爸妈妈教孩子系鞋带,做一个菜!我为这个作业点赞。

系鞋带其实很重要,这不是一件简单的小事,这里面反映的是我们的教育理念,究竟是让孩子学会生活,还是只追求考分。我就见过一个高中了还不会系鞋带的男孩。有意思的是,这个不会系鞋带的男孩,生活自理能力不强,学习成绩也不好。其实这里就有一个逻辑关系,生活能力不强自我管理能力也就不强，于是学习能力也不会强。为什么？因为他需要自我管理的部分被父母包办了。

曾经有一个公益广告，说一个留美的大学生邀请朋友到家中小聚，他想做个最中国的菜给同学吃，就是番茄炒蛋。可惜他不会，于是跟爹妈视频现学现卖。可惜他没考虑时间，那会儿恰好是中国的后半夜两点钟。

现在，我们这位需要在三天里学会做一道菜的小朋友，估计不会有这个问题了。但番茄炒蛋这件事背后的宠物式育儿的实质，还没有被揭破。

被父母"无私"的爱所感动的愚蠢人类啊，这种廉价的感动就是容易被传销洗脑的根源所在。在任何事件中，感动是可以被接受的门槛最低的情绪。

育儿是需要智商的，爱当然也需要。但爱是本能，谁不爱自家的孩子呢？所以这个时候，智商就成了你育儿的决定性因素。

公益广告的创意无非是想唤起孩子们的对中国传统孝道的共鸣吧。潜台词是这样的：你看，父母的爱多么无微不至，多么无怨无悔。孩子，你不应回报吗？但是，养孩子如果只是为了回报，不就成了情感勒索、道德绑架了吗？

不过在孝道上，现在可以说已经不复从前了。从前，为了老爹老妈，是可以老莱娱亲、卧冰求鲤的，甚至还有郭巨埋儿。现在呢，全倒过来了，这大学生后半夜叫爹妈起来做番茄炒蛋，爹妈无怨无悔，也得亏冰箱里有番茄和蛋啊。要是像我家，冰箱里除了可口可乐和北冰洋汽水之外几无绿色蔬菜，那菜虫可怎么办。

当然，归根结底这则公益广告说出了绝大多数父母育儿的本质：他们从来没有将孩子当作一个人，只是把他当作一只宠物。

一个人意味着什么呢，我们的孩子将来是要自立于世的。几个"自"都要做到：自立、自强、自知以自明，自由而自为。言而总之，最基本的是生活能自理。

说白了，爱是本能，死也是本能，爹妈爱孩子，但爹妈将先于孩子而殁。所以哪怕爹妈想养孩子一辈子，但是两下相权，还是教孩子自立于世比较理智。

事实上，能够想到这一点的父母并不在多数。我们的育儿理念跟养宠物并没有什么两样。对的，就是宠物，一件高级玩具，以抚慰成年人空虚的生活。既然是高级玩具，自然不会将他当作具有独立人格的个体，只是爹妈乃至家族的附庸而已。所以在孩子成长过程中，对于"自立、自强、自知以自明，自由而自为"中任何一个"自"都是不怎么理解的，只要像喵星人一样会捉自己的尾巴，或者像汪星人一样跟爹妈鞍前马后就可以了，要还能逗爹妈一乐，天啊，那这件玩具简直太值了。

人们已经发明出来了一个词语称呼公益片里那样的孩子

了：妈宝男。

其实我觉得妈宝男这个词不足以概括那些不能自由以自立的成年男人。说到底，谁不是妈妈的宝贝呢？凡是妈妈的宝贝都是妈宝，我们每个人都是。但问题的核心不在于是不是宝贝，而在于能不能独立、自立。谁说妈妈的宝贝就不能自立，对于有智慧的妈妈而言，自立是妈宝之中最重要的部分。

爱有多少都不过分，爱不得法才是问题的关键。父母爱孩子，但从没有将孩子当作一个拥有独立人格的个体，那无异于饲养宠物，仅此而已。

我说过养孩子就得溺爱，我自己就是溺爱之代表。爱是原生的能量，如果我娃真的需要，我也会半夜三更从床上跳起来去给他办事，任何事，so easy。但关键是，我们父母作为成年人要有所预见，及早把孩子培养成一个可以独立做番茄炒蛋的人。

但问题在于当前的父母自己就是被当作宠物养大的，又有几个知道自立、自由、自为的价值呢？如今养出宠物男，恰恰因为自己从来没有自由自立自为过，求仁得仁，又何怨乎？

我认识一个朋友，结婚后家庭关系处理得极差，他的妈妈每每见人都要诉苦，我却觉得这位妈妈自己也要承担责任，她的教育酿成了这样的结果还不自知。

为什么中国的家族内部问题特别多，因为中国人基本上是依附家族而生的，而每一个个体并没有得到足够的发育。

不指向自由的家庭教育本身就带着奴役、绑架、情感勒索的因子，要自由，家长自己先得有心态的自由。但绝大多数家长总是把纵容当自由，把奴性当听话，把依附当亲密，把无能当撒娇……

因为自己从来没有获得过人格的独立，于是在家庭内从来不会将孩子的人格尊严视为最重要的东西。至于番茄炒蛋这样的基本技能，孩子当然是不用学会的，因为这是个人自立的生活技能，要是学会了，翅膀硬了就飞走了，谁又来绕膝承欢，安慰空巢老人跳完广场舞之后寂寞的内心呢？

所以这样的新闻总是频发：

某娃，读大学一个月，因为不会洗衣服而退学；

某娃，读大学期间沉迷游戏不能自拔而退学；

某娃，因为学校环境太破旧而退学；

某娃，因为学校不能天天洗澡而退学；

……

不要怪我们的孩子太奇葩，原因都在"熊父母"身上。父母既然将孩子当宠物，孩子自然就是宠物，在他18岁出门远行的时候并没有成为一个"自立、自强、自知以自明，自由而自为"的独立个体，离开了父母的照料，他将无法自立于世，这不是明摆着的吗？但这不也正中这些父母的下怀吗，如此，孩子一辈子离不开爹妈喽。

这不是真爱，这是养宠物。

我家菜虫不仅是妈宝,还是爹宝。不过此虫已经很擅长煮方便面了,他认为天下至味,尽在"出前一丁"(方便面品牌)。前段时间,他还在跟妈妈学做意面,估计将来总不至于半夜让我们起来视频教他做番茄炒蛋了吧。

家长用尽"洪荒之力"只为了把孩子带到沟里

某地中考分数揭晓，朋友孩子正是那年应届生，他说班级群里寂然无声，没有一个通报自己孩子中考成绩的。而这是一个平日里热闹非凡的群，这种无声让人倍感压力。

考得好的，自然窃喜，但晒分数就是拉仇恨，更何况一山还有一山高，鸡蛋还有鸡蛋糕。不晒，那是明智。

考得不好的，心情郁闷，不晒那是颓丧。人家"生子当如孙仲谋"，我们家"捞起一看是阿斗"！

世态炎凉，人情冷暖，悲欢离合，风雨仓皇，尽在此中矣。

我之前写过一篇文章，说小学阶段分数真的没什么用。现在，中考成绩出来，立刻有人质疑我，你看有没有用？不仅有用还是立竿见影的，分数高的进重点，从此人生坦途；分数低的进技校，从此人生大不同。

好吧，这是个现实问题，我自然了解。但我说的是小学阶段，尤其是小学阶段一些不那么重要的学期考试，这些分数是不能用来衡量孩子们的学习能力，以及孩子身上固有的潜力的。你那么着急焦虑做啥呢？

每个孩子的自我觉醒时间表不一样，男生女生的自我觉醒时间表也不一样，并且女生在应对逼迫性教育制度的时候，显得更乖一点，所以在这个教育体制下，女生应试反而比男生更有利。但这能说明女生的平均智商要比男生高吗？显然不是。这里比的不是谁更聪明，而是谁更能受到煎熬而不崩溃。

在现阶段，分数是一道硬杠，谁也逃不过的。但你不能认为这就是衡量孩子的唯一标准。这个教育制度最坏的地方就在于，它用一种制度性的力量来逼迫每一个孩子放弃自我，成为标准化试题的应试者。而学校为了所谓的升学率，为了升学的高效率，各出奇招，目的就是把这种体制性的力量发挥到极致。

所以你看，一般学校都喜欢采用军事化管理的方式来塑造孩子，使之就范。就学校与应试体制的层面来看，什么样的孩子才是最好的孩子呢？就是那些驯顺的个体，没有自我的个体，只会刷题的个体。如果一个人还有点智商，那么就让他在这个应试体制内得到利益、荣誉——从而让这个聪明脑瓜为这个体制站台。

但我们也不要忘记，面对考试制度那种摧毁个人内在自我世界的力量时，有强大内心的人更能对抗这个制度性的摧毁，成为强悍的精神个体，从应试体制里突围。

应试是现在教育的普遍目的，你没有办法置身事外。关键是你如何看待应试，以及如何用更好更有效率的方式去应对考试，从而节省出时间发展自我富足的精神世界。

我们经常会发现一个奇怪的现象，那些真正的学霸，看起来学得其实蛮轻松的，并不一定是苦哈哈的、悬梁刺股的。相反，他们常有时间去从事一些与学习无关的事，玩游戏、弹吉他、打篮球、看世界杯……诸如此类。

因为在他们富足的自我世界里，有一种能力叫作自我管理能力。拥有了这个能力，他就能该专注时专注，能放松处放松，事情的轻重缓急心中有数。

写下这番话的时候，我脑子里出现了很多孩子的形象，有些是我 20 年高中教师生涯里遇到的学生，有些是亲朋好友的孩子。所在多有，你定然也见到过这样的人。

那么，这个应对制度性摧毁的强大内心来自何处呢？至少有一点来自广泛的阅读，并由阅读建立起来富足的自我。不是说富足强大的自我只能来自阅读，但至少是其中非常重要的一点，像游泳、击剑、马拉松、无所事事的闲暇也可以做到。家长要有这样的远见，去信任自己的远见，同时去信任自己的孩子，给与孩子发展自我的时间和空间。

但是焦虑的爸妈还是追着我问：那么，阿老师，要是到中考了，我们家孩子还是没有发展出强大的自我呢？可是分数真的很要命耶！

这个问题问得好，你要是一直担心，从来不敢信任孩子能发展出自我，那么他到高考前也发展不出来，他到结婚成家也还没有发展出来……试问，你要为孩子操心到什么时候？

与此同时，我看到了一篇文章，讲妈妈们对暑假班的焦虑。我看到一个个孩子被课程填满的暑假安排，无论用表格呈现的，还是用思维导图呈现的。这些个排满的暑假时间表，消耗掉的不单单是时间和金钱，还有至为宝贵的孩子可能拥有的自我安排的机会，这个机会才是自我管理能力的来源。

我很激愤，很多家长用尽"洪荒之力"，就是为了把孩子带进沟里去。你所选择的教育方式，很可能是孩子厌学的根源。当孩子厌学、不再好奇，当孩子不能拥有一定时空来发展自我，那么这个孩子可能真的成为应试体制的牺牲品了。

孩子不是一个被动接受的容器，而是有主观能动性的。用蒙台梭利的话讲，就是一颗有吸收力的心灵。家长觉得为了孩子好就拼命报班，以免输在起跑线上，可能恰恰会因此输在终点线上。

很多孩子拥有一种能力，不但能自我修复，还能修复家长在教育上的错谬。这个能力是孩子自我学习的成果,我们也需要为之点赞。

教育真的不是只有唯一答案的东西,凡墙都是门,只要叩门,就有回应。通往罗马的大路,也不仅只有一条。这也是我虽然经常批判,但总是对未来抱有审慎的乐观原因之所在。

为何你对孩子的爱，恰恰伤害到了孩子

有一次傍晚五点左右打车出门，司机是位妈妈。一上车，她接了个电话，是女儿打来的。这位妈妈第一句话就是"作业做完了没有"。两人又聊了几句，越聊越话不投机，最后妈妈说"我这么辛苦……"，还有半句没说完，女儿已经把电话挂了。

妈妈怅然，一路无话把我送到目的地。我其实很想跟这位妈妈说，关心女儿的学习，也许可以换一种说话方式。比如，妈妈出门开车前，是不是已经给女儿准备了一份她爱吃的小点心，放在了家里某个地方。如果女儿电话打过来，可以先跟她说，"宝贝啊，妈妈准备了你最爱吃的那个小点心，放在什么地方了，你吃了吗？好吃吗？"如果我们能够从孩子的生活，关心孩子的角度切入这次对话，也许她俩不会聊着聊着就剑拔弩张了。

因为，女儿这个时间打电话过来，一般是对妈妈有所需求，即便只是情感需求，想要撒撒娇，我们也应该呼应孩子的需求，而不是以命令、要求、审查的语气跟孩子说话。

鉴于育儿是一件私人的事情，鉴于我只是一个陌生的乘客，尽管心里觉得这位妈妈的话语方式不太对，我还是默默听了一小会，没有开口。育儿这件事上，需要建立清晰的边界意识。

这样的情况我遇到过很多次，每次都很纠结，眼看着妈妈跟孩子的交流方式有点问题，但我只能眼睁睁看着。

比如有一次坐高铁，邻座的是一位妈妈带着孩子，要去旅行。妈妈还很年轻，孩子也才4岁左右。妈妈玩手机，孩子也想玩，吵着要妈妈给他玩。妈妈舍不得，先是轻声安慰，"宝贝，稍微等一下，再过10分钟妈妈就给你"。孩子不答应，继续纠缠，于是妈妈开始威胁，"你不乖，妈妈不喜欢你了"。大概是威胁次数多了，已经不管用了，孩子听而不闻，还是缠着要玩。于是事情就演化到第三个阶段，妈妈发怒，翻脸，开始呵斥孩子。最后以孩子大哭，妈妈投降把手机拱手相让收尾。

每次遇到这样沟通失败的场景，我都想给妈妈们推荐一本书——《如何说孩子才会听，怎么听孩子才肯说》。

做教育多年，遇到孩子无数，越来越觉得孩子的问题根源还是在父母身上。上面我见到的那两位妈妈，她们与孩子沟通无效的关键不在孩子不听话，而是她们的话语方式需要调整。其实，只要改变一下跟孩子说话的方式，就能显著改善亲子关系。

像高铁上的那位妈妈，尽可以不用威胁的话语，威胁而没有后果，这是最坏的亲子对话了。这种说话方式会造成一个后果，就是孩子永远不会听你的话，因为你说的话从来不算数。

此外，这位妈妈需要认识到的是，孩子吵着要手机，真的不是孩子多么想要玩手机，只是因为妈妈在玩，忽视了孩子的存在，没有做到有效陪伴而已。如果这个时候妈妈放下手机，跟孩子一起看看窗外的风景，看看碧绿的水田，看看辽阔的原野或者问问孩子一棵棵大树为什么飞快地往后跑，孩子肯定不要手机了。因为，这个时候孩子被看见了，他得到了妈妈的关注。

我以前是高中语文老师，接触的多是青少年，我发现16岁的问题孩子，问题的根源很深，作为老师我可以做的很有限。于是我就俯下身来，去做儿童教育，希望能更深地介入到孩子的成长之中。而这些年，所见到的孩子越来越多，则越来越清晰地认识到，在孩子们的成长过程中，父母的共同成长是至关重要的一环。

如我前面所举的两个例子，妈妈并非不爱孩子、并非不关心孩子，问题仅仅在于她们在与孩子沟通的过程中，话语的方式不对。而话语方式，则跟父母的教育观念有关，也跟父母对儿童的认识程度有关。

有一句话说，每一个问题孩子背都有一对问题父母。这句话可能过于严重，但未始没有道理。至少，这句话会让我们去反思自身，而不是把所有的责任都推到孩子们身上。

这里所谓父母的问题，大概分为两个方面，一个方面是在认识上的。因为没有认识到儿童的特质与教育的特质，从而在家庭教育中出现了一些偏差。一个方面则是技术和技巧层面的，我们知道很多育儿的道理，但是缺少好的方式，来将这些我们所知道的道理贯彻在我们的家庭教育中。

于是，我们在育儿的过程中就会出现很多问题。比如常见的就是，孩子不听话、厌学、父子关系紧张之类的，最终出现了"爱你的人伤害你却最深"的可悲局面。为什么家会伤人，这也是其中的一个原因。

尤其是我们这些70后80后的父母，因为自己本身就是被这样的教育所塑造的，我们以不变应万变，以自己习得的教育方式来教育孩子，客观上便成了加重孩子负担的帮凶。

但是奥秘在于，一旦我们变成了开放的、能够接受新鲜知识、能够自我成长的父母，那么，亲子关系的改变、家庭关系的改变，就有了实现的可能。

我自己就是一个这样成长中的爸爸。曾经，我也是一个坏脾气、爱翻脸的爸爸，以至于儿子叫我"翻脸王"。但在跟孩子的相处中，尤其是不断地读书学习中，我逐渐认识到了自己坏脾气的根源，于是就有了去改变自我的动力。而一旦有了这个动力，亲子关系的改变也随之而来。

我把这种自我认识，叫作"父母的觉醒"。用美国心理学家萨巴瑞的话来说，"觉醒"的意思就是保持清醒，真正的清醒，对我们经历的一切事情都保持清醒。其中包括能够按照现实的本来面目去接受和应对它。

当然，这不是说，一旦父母自我觉醒了，对家庭教育的认识提高了，所有的问题就会迎刃而解。只是说这种觉醒为我们建立良好的家庭关系，提供了一种可能性。在这种可能性的基础之上，我们的孩子将更有可能活出自己，成为他自己想要成为的那个人。问题也许还会不断出现，但只要我们走在了觉醒的道路上，我们便可以见招拆招，见机行事。

当下这个时代，诚然，物质大量丰富了，社会变得更加开放了。但与此同时我们也发现，我们这一代父母是前所未有的焦虑的父母。但就像我自己经历的那样，一旦对教育、对孩子的认识开始加深，一旦走上自我觉醒的道路，那么，这种觉醒所带来的改变的力量，也是显而易见的，甚至令人欣喜不已。

近 100 年前，鲁迅说出了一句振聋发聩的话：救救孩子。然而，因为种种原因，当下的孩子却成了压力最大的一代。如果我们这些做教育的、做父母的，不能为之做点什么，那孩子如何才能活出一个无忧无虑的童年呢？我们这些成年人口口声声要为孩子安排最美好的生活,可是我们真的做到了吗?

知识真的是有力量的,一旦你认识到了家庭教育中的关键所在,孩子的潜能就能前所未有地被释放出来。至少,亲子关系的改善是可期待的,而和谐的家庭给孩子带来的安全感,将是孩子一生幸福生活的不竭源泉。

一看到乖孩子，我就想把他教坏

我读小学的时候，最讨厌一个女生，因为她不但人长得好看，而且品学兼优，还特别懂事，老师都喜欢她。因为她的存在，我们这些小伙伴都被衬得像小混混。我与她一直同学到初中毕业，奇怪的是，她居然没有考上高中。那时候没有复读一说，时间过去近三十年，我再也没见过那个讨厌的品学兼优模范生。

现在想起来，其实我讨厌的不是她品学兼优，而是她的乖巧。比如，初二时，我们一群小伙伴说好上山偷桃子，只有她不肯，怕被老师骂。后来，我们逃课被抓住了，在班主任办公室罚站，她来交作业，乖巧地接受老师的表扬。当时，罚站的几个人都恨死她了，甚至觉得她就是告密者。

现在我做了父亲，又做了跟孩子打交道的工作，慢慢对孩子有了更多了解，我突然发现，其实当年那个女孩蛮可怜的。就我所了解的情况来看，她从来没有任性过，一直都是老师和家长眼中的乖孩子，按老师和家长的期望表现着自己。

可能，她从小被灌输的好孩子的标准只有一个：乖，听话。在长期的灌输之下，她了解的做人的唯一原则就是要为成年人、长辈、权威的愿望来扭曲自己的本心。

我们知道，孩子其实是被塑造的，首先是父母亲，其次是整个大家庭。一个家庭的理念会深刻影响一个孩子的成长。再次，就是社会的时代文化。我们常说孩子是父母的镜像，此言若非真理，也八九不离十。于是，我看孩子，每个具体的孩子的背后都站着一对对父母，都有一个个具体的家族。

有一次，一个孩子来我家，看到我在做饭就悄悄跑过来跟我说："蔡叔叔，我妈妈说一个家里要是男人做饭，这个家要不好的。"

还有一次，一个孩子在我家吃饭，看我把第一碗饭盛给菜虫，过来跟我说，第一碗饭不能孩子吃，要大人先吃。

以上两个观点都令我大开眼界。我真是没见识，以为每一个孩子都像菜虫一样是"熊孩子"，殊不料，会有懂事的孩子因为做饭和盛饭的事为我家的未来而担忧呢。我绝不反驳这些孩子，因为不忍心，只是对孩子的说法表示理解，告诉他们，"蔡叔叔家反正也就这样了，不会比现在更坏"。

家庭教育这个东西，绝对是私人化的，外人无权置喙。即便我认为不对，我也没有权利出手校正。因为，家庭教育内部的事情，确实是你不求助，我不发言。这里要有明确的边界意识,"各人自扫门前雪,休管他人瓦上霜",说的就是这个边界。

你真以为自己是育儿专家吗?你们家孩子又如何呢?"熊孩子"之"熊",只有你自己知道。

两个孩子说的我虽不接受,但都能够理解,也知道所来何自,毕竟家庭文化背景不同嘛。我不让孩子读《弟子规》,但菜虫恐怕也还勉强爱我。别人家孩子读了《弟子规》回去给爹妈洗脚,我总不能怒不可遏,冲进人家家里把洗脚盆给踹翻吧。

只是,我见不得这些孩子的乖巧。看他们小小年纪就为成年人考虑,心里很不是滋味。总觉得作为孩子,他们明明可以再自我一点,再任性一点。

人生真的很难任性,不在童年任性一下,以后还会有多少机会可以任性呢?

一直为了被外界赋予的观念而活着,内心一旦有不正确的念头潜滋暗长便开始批评与自我批评,要将大逆不道的念头扼杀在萌芽状态,这是我们很多人的思想历程吧?

这也是我做教育21年一直喜欢不乖的孩子的重要原因,多数不乖的孩子身上真实的自我是彻底袒露的。在不乖里面有他的追求,他的主见。而乖孩子呈现给你的是自觉或不自觉带上的一副面具,或者说乖孩子早早地接受了成人世界的教化,在他还是个孩子的时候就已成年了。

这让我想起了鲁迅先生著名的文章《从孩子的照相说起》。为什么照片上的外国孩子总是很灵动,而中国孩子很木讷呢?归根到底要看是怎么样的文化塑造了孩子。好在,这么多年过去了,中国孩子也变得很活泼了。我做营队带孩子出外游学,镜头里捕捉到的孩子也都一个个神采飞扬,总算跟鲁迅先生描述的不一样了。这不能不说是时代的进步。

但桎梏其实并未全然破除,破除了这个还有那个,人是最容易作茧自缚的。比如,这些年国学大热,《弟子规》还魂,很多家长觉得老祖宗的法宝好,于是从心灵到躯体已经开始自由生长的孩子,又再渐渐被这个无形的道德律令框回去。

还有一种更奇葩的中国传统,叫养生,如今跟中医包装在一起,赋予各种食物以阴阳五行。懂事的孩子仍是被其背后的文化所约束。比如肯德基、麦当劳是垃圾食品,西药有副作用而中药没有……有一种愚蠢是会遗传的,成人将自己的愚蠢变本加厉地加诸孩子身上。

我遇到一个孩子,酷爱学习一些我认为10岁孩子压根儿不会喜欢的内容,比如《四书五经》。当然,他也可能是真喜欢,谁叫我少见多怪呢?我们从来不缺对神童的热情期待,这也是一个事实,不是吗?更严酷的事实是,我们看到的神童少,而"伤仲永"的现实太多太多。

菜虫是绝对不会接受这些在他看来枯燥乏味的东西的。

尤其，还得克服自己想吃冰激凌的强烈愿望，还要用他不知道从哪里来的观念说服他自己，"冰激凌性阴，而他体寒，所以不适合吃冰激凌"。

我们活在这个世界上，真的是蛮难的。有人说，孩子最好了，无忧无虑。其实，他们是没有站在孩子的立场来思考问题。这个世界，对成人来说尚且这么难，对孩子来说就更难了。他们不但需要去理解这个复杂而奇怪的世界，还要按这个社会的要求去塑造自己以迎合这个世界，不禁令人想起削足适履这个成语。

乖巧，就是这些孩子们发展出来的，一套应对这个复杂世界的话语思维逻辑体系。这就是我一见到乖巧的孩子就心里隐隐作痛的原因。孩子，你还是个孩子，你可以任性一点的，可以不为大人考虑。

有一次假期，我们去杭州给菜虫看眼睛。回家的路上，菜虫又开始吐槽爹妈，认为我们这样不好那样不好，他最喜欢的就是爹妈都不在，他可以为所欲为。之所以这么说是因为他最近有小肚子了，我们开始要求他少喝碳酸饮料，少吃巧克力。听他如此抱怨，我只好说："天底下没有完美的爹妈，爹妈总是各有各的奇葩，没有最差，只有更差。"我意在自我解嘲，菜虫却就坡下驴说："你们就是更差。"好吧，至少我跟虫妈可以自我安慰的是，在我们这里菜虫有权批评我们。

关于喝可乐这件事，菜虫最近确实喝多了，但如果是因为爹妈认为冰可乐性阴孩子体寒的话，我宁可这孩子每天喝可乐为生，哪怕得了缺糖症，这是基于他的自由选择。而我们家长唯一可以阻击的是在他还没患上缺糖症的时候，教会他节制和自我管理。

我想要每一个童年，都曾被温柔对待

人到中年，回看过去，越觉得童年重要。

教育的重要之处在于，在你不知不觉的时候，教育就已经塑造了你。而你却要用余生去理解这一点，教育究竟在你身上起到了什么作用。之后，你才可能明白，你何以是你，我何以是我。但也仅是可能而已，也许还是不明白。所以，人的一生中有一项重要任务，就是疗愈自我。

疗愈，是一个温暖的词语，有时候我也愿意说成和解。在越了解自己的地方，就越能与自己和解，也就越能获得一种笃定的心态，进而从笃定里生发出一种之前没有的力量。

这里，我指的教育更多的是家庭教育。在童年的原生家庭中，儿童形成了他的自我，包括人格、情感、思维方式、话语逻辑等。至于之后的学校教育，无论有多么重要的影响，也很难进入生命最初形成的那个核心中。

大家对早期教育的重要性，了解得还远远不够。人们总是能看到外显的部分，却无法看到被包裹在表象之中的更深沉的原因。

这是我为什么愿意称自己为"儿童服务者"最重要的原因之一。因为我想要的是，每一个孩子的童年都曾经被温柔对待。

电影《猩球崛起》里的大猩猩因获得了超人类智慧，而获得了地球的主宰权。两只领头的大猩猩在如何对待人类的问题上发生了争执。一只叫凯撒的大猩猩主张与人类友好相处，另一只叫科巴的大猩猩对人类充满了敌意。

对于人类，为什么两只大猩猩会有如此截然不同的意见？其实，原因很简单。凯撒在一个科学家的家里长大，它的童年是被当作家人一样对待的。而科巴在实验室长大，他受够了实验人员对它的虐待。

即是说，曾经被温柔对待的猩猩，它对世界的认知是和平的、温暖的、充满善意的。而在暴力环境中成长的猩猩，它的世界是由暴力、阴鸷、敌意和不信任构成的。

对这两只猩猩个体而言，凯撒因为他曾经被爱过，所以也懂得如何去爱，他用自我牺牲挽救了猩猩族群，而科巴却将猩猩群体带向毁灭。

虽然这只是一部电影，一个极端的例子，但在家庭教育中，在我们的不知不觉之间，也是这样塑造了我们的孩子。孩子的世界观和将来获得幸福的能力，是由我们塑造的。

做儿童服务者久了,所见无非儿童,但在每一个儿童身上,我却分明看到了他们背后站着的父母和家庭。

2012年的时候,我在朋友的培训班里做绘本课。有一个孩子,很喜欢听我讲绘本,每次我一开始讲,他就走过来坐在我的膝盖上,十分专注。但他有个问题,经常会出现攻击行为,一言不合就动手打人,对此我感到很诧异。直到有一天,他奶奶送他来绘本班,临走之前告诫孩子要乖,要听老师的话,否则回家揍他。虽然仅是一句威胁,但我似乎明白了他的攻击行为源自哪里。

有一年在覆卮山做冬令营,大家玩得都非常开心。但有一天中午列队集合的时候,一个男孩失控打了后面的男孩。被打的孩子,他的妈妈是我朋友,也是一个非常懂儿童教育的妈妈,她一边心疼孩子被打,一边却跟我说:"蔡老师,你需要多关注这个孩子,也许他曾被家暴过。"

事实果真如此,这个男孩在家里确实经常会被爸爸妈妈打。虽然我们看到的是一个孩子打了另一个孩子,我们需要判断一下是非曲直,孰对孰错。但同时他们都是孩子,也同为受害者。面对打人的孩子,其实我也有无限的怜爱,我希望以后他在家里,不再遭受这样的对待。于是,在营队活动结束之后,我跟男孩的妈妈进行了一次深入沟通。

大家常说童年无忧无虑,我却说这个说法是错的,童年的艰难远超我们的想象。不信,你去看绘本《大嗓门妈妈》,

一旦妈妈开始喊叫咆哮，孩子心魂俱裂，脑袋飞到了北冰洋，翅膀飞到了南极洲。为什么偏偏是这两个寒带？因为妈妈的咆哮，确实让人如身陷冰窟。

不是说每个孩子都是这样成长的，但鉴于我们都是普通的父母，我深信每一个爸爸妈妈都深爱自己的孩子，但我不信谁的童年没有过灰暗与失意。

我们这些带伤的成年人，用什么疗愈自己？用阅读，用反思，用自我追寻。

之前，我们给自己打鸡血，告诉自己要拼搏。我们以为拼搏的方向就是人生的价值。可后来突然发现，我们拼搏的那个方向，经常横亘着虚无。我们以为自己追寻的是真实的自我，然而又不免怀疑这究竟是不是真实的自我。当怀疑产生时，我想要恭喜你，你的自我觉醒也许就要开始了。

但孩子们呢？他们还要跟我们这些虽然深爱他们，但有时不够称职，经常顾此失彼的爸爸妈妈在一起。我们要把最多的温柔和善意带给他们。一旦他们感受到了，这种善意也会参与到他们的自我塑造中。

我们需要让孩子知道，即便这是个残酷的世界，也一定有人在某处深爱着他。童年自有童年的艰难，父母也是从漫长、幽深的童年走过来的，所有他们经过的难关，父母也曾经历过。

第三辑

为什么我们的孩子不再刻苦了

童年的奥秘：
我们都忘了自己曾经是个孩子

有件事挺奇怪的，为什么我们这些家长，总会迷信"童子功"这个说法。回顾一下，我们童年时被逼着去学的那些个才艺，究竟在何种程度上成了我们日常生活经常使用或者赖以生存的技艺？我小时候学过毛笔字，老师就是我的外祖父，为此我们有过一段时间的朝夕相处。可是，如今我最心痛的莫过于书出版了好几本，但签名难看得像皮皮虾跟我走，所以我最怕就是签名售书，一出手就暴露底细了。请问，童子功在哪里？

倒是我童年最喜欢做而总要被大人批评的两件事，对我的现在产生了莫大的帮助，一件是发呆，一件是看闲书。

现在成了一个教育者，人到中年读过很多教育相关的书，才理解到发呆其实是脑子在心无旁骛地思考和想象，而读书则触发了一个人逻辑思维能力的发育。

"童年，是一个最大的无所事事的集合"，我认为这句话讲述了一个真理。

虽无所事事，可那确是难能可贵的快乐和伟大记忆的贮藏。导演安德烈·塔可夫斯基几乎在用他所有的电影去追溯和构想他的童年时光，在《牺牲》中他把题词献给了他的孩子——"这部电影是拍给我的儿子的，充满了希望与信心。"那是你没有办法忘却的岁月，每个孩子都处在他们独特的宇宙里，肆意畅游，孑然一身，做他想做的，完成他想完成的，用神奇的幻想填补世相万物的不解，亲手造就他自己的宇宙。之后，"也许就是将孩子们所拥有的如此精彩的宇宙存在逐渐忘却的过程。"这是河合隼雄的名言。

关于孩子的独特精神世界以及认知规律，蒙台梭利《童年的秘密》、塞尔玛·弗雷伯格《魔法岁月：0-6岁孩子的精神世界》都可以给我们提供重要的参考。蒙台梭利认为儿童具有丰富的潜能，但儿童只有在一个与他的年龄相适应的环境中，心理才会自然得到发展并呈现内心的秘密。这一观点的重要性在于，"儿童并不是一个只可以从外表观察的陌生人。更确切地说，童年构成了人生中最重要的一部分，因为一个人是在他的早期就形成的。"

所谓"魔法岁月"，说的是儿童时期是一个充满幻想的时期。这一时期的独特认知方式，便是孩子的成长中有很多的幻想成分。现实世界对孩子们来说，一定程度上是不可理喻的，他们用各种各样的奇特幻想，来完成对现实世界的理解。这些幻想不能决定孩子究竟会成为什么样的人，但是至少会给孩子准备足够多的可能性。

作家粲然把塞尔玛·弗雷伯格称作是整个奇幻的童心世界、这段幽闭难述的魔法岁月的翻译者与代言人。魔法岁月致力于呈现婴幼儿时期的特质，将心灵混沌与曙光微明交织的状态，精准、科学、系统地表述出来，却又充满洞察力与人性的敬畏。

儿童的世界自有其独特性。身为寻常的知识父母，不可能每个人都成为育儿专家，但至少我们可以学习。我所谓的适得其时的阅读，便建立在这样一种对潜藏在幽暗之中的魔法童年的认识之上。从而重新认识儿童阅读的特点，以及其中蕴藏的重大意义。

基于以上对童年特质的理解，我概括为一句话，就是"温和地保护孩子的不知情权"。尤其是孩子进入了基础教育阶段之后，基于目前基础教育的严苛现状，我们更需要为孩子的个性自由发展，谋求一点点空间。

像是某知名中学，把孩子变成驯服的考试机器，孩子最终确实考进了所谓的好一点的高校，但与此同时想象力与创造力被摧毁了，在作出更为杰出的成就上也受到阻碍。

基于此，作为当下的父母，我们最需要考虑"我们究竟可以为孩子做些什么？"因为学校教育并不是我们所理解的教育的全部，有很多地方，还是可以加以弥补的。那么，如何用我们力所能及的行动，来捍卫这个唯一的童年呢？

所谓捍卫童年，这个词貌似很悲壮，但其实我一点也不悲情，而是很快乐。因为捍卫童年，无非就是捍卫孩子们天真的好奇而已。只要顺应孩子的天性，其情感、智力、情绪等自然便按照其本然的模样得以生长，如其所是，得尽天然。

我有一点坚定的看法，就是对于一个孩子的成长而言，知识性的内容灌输并不是最重要的，教育的要素在于唤起孩子们成长的内驱力，而成长的内驱力，很大程度上来自游戏力。

最会玩的孩子其实拥有最深远的发展潜力，我相信有远见的家长都会看到这一点。童年漫长，考试分数不能说明一个孩子的智力情况，知识性的内容灌输也完全不重要。那最重要的是什么呢？无非因势利导，让孩子们自己上路而已。

我知道，好多家长了解教育是抱着一定的功利心的。这些家长的意图与我的观念恰好南辕北辙，他们或许会认为：教育一定有着某个诀窍、某个机关、某种妙药仙丹，包治百病，服食之后功力大增。就像郭靖的奇遇，不是郭靖的一生勤勉成就了他，而是诀窍与奇遇成就了他。金庸小说之所以是中国人的春药，广为受用，因为它契合了中国人的价值观，诸如功利主义、投机取巧的精神，于斯为盛。比郭靖更奇葩的是虚竹，一个长得寒碜的小和尚，因为获得了逍遥派掌门一辈子的内力而飞黄腾达。

但是事实上,我们知道这种奇遇被叫作成年人的童话,不是事实。

根据以上的现实选择与基本判断,根据我的阅读与思考,我对儿童教育的看法有以下三条基本原则。

第一,学习力的核心在于内驱力。

第二,游戏力是打开内驱力的重要方式。

游戏的过程是孩子建构对世界认知的过程,游戏时是孩子创造力勃发的时候,因为归根到底人是一种有创造力的生灵,创造的时刻是让人最为享受的时刻。即游戏才是孩子最重要的生活,游戏不是游戏,是生活本身,是劳作本身,是意义本身,更是潜藏着无数创造可能性的时刻。

第三,穿越成长的核心。

只有在内在觉醒的前提之下,成长的动力才会取之不尽,用之不竭。所以,最好的教育便是开启孩子内心一点灵明的教育。着眼于这一成长的核心,给孩子们插上飞翔的翅膀,这是我们的教育最重要的部分。

有句名言是这样说的,一个三岁的孩子,他拥有的就是完整的三岁,而非六岁的一半。这要求我们要用孩子的视角去跟孩子沟通,从孩子的认知角度去看待孩子在学习、游戏、阅读等各方面的特质。阅读与游戏,建构了孩子对世界的认知。而这个准备期越长,孩子的潜力便得以保护得越好。

为什么高考考完孩子们都爱撕书

高考考完,考生撕书烧书这件事,已经像是个很普遍的现象了。我发现,一般而言,越是衡水化的学校,撕书越多。理由当然大家都知道,因为压迫越多,发泄便越多。

我自己的亲身经历有两次,都是个案,不具有普遍性。一次是我高考结束的时候,同学跟我讲,"那个XXX,考完试就把书抱到操场上一把火烧了"。当时我还很诧异,问了一句:"他不打算复读了?"当时还是1990年代初,大学录取率不高,我念的是农村中学,每年应届考进大学的整个年级也就几十个人,复读是当时很常见的一种选择。

第二次是在我做高中教师的最后一年,大概我所在的中学一直还算可以,从来没听说高三毕业生,高考结束烧书撕书的情况。那一年,倒是听说有孩子在撕书,但不幸校领导发现得早,高度重视,及时制止了。只有零星的纸片飞下来,一点也不壮观。

其实我现在很理解孩子们为什么要撕书。他们撕掉的都是教科书与教辅书，孩子们被这堆家生折磨久了，一旦高考结束，撕一下作为报复，作为发泄，也很正常。尤其是从三楼四楼五楼，把书撕碎了扔下来，蛮好看的，纸屑纷飞，像一场大雪，也算是一种行为艺术。类似于我们小时候折纸飞机。所以，撕书这件事，其实挺好玩的。很可惜我一直都没有撕过，也没有从高处往下扔过，颇为遗憾。

而且，教辅书多是盗版，也不贵，现在的孩子跟我们当时比起来，物质条件好了很多，撕点盗版教辅书算什么，根本不用爱惜。我们读高中时，穷得很，那时候想着明年复读还要用呢，一般不会撕。哪怕不复读了，还可以当废纸卖掉，能换点零花钱。现在的孩子不缺这点零花钱。

当然孩子们撕书最重要的原因，还在于他们需要发泄。这么多年，尤其是初中三年、高中三年寒窗苦读，每个人都压抑着自己的内心，一旦释放，总要做点看似叛逆的事情。而且，高考考完就意味着整个应试教育阶段结束了，老师也不太管得着了。之前的一切都是以高考为指归的，既然高考已经结束，那也就没啥关系了。撕书就是孩子们以为压迫已经结束，作为高考民工的生涯也已经结束，终于拥有撕书的自由了。

那么，发泄归发泄，为什么一定要撕书？撕点别的不好吗？

要知道，整个中学阶段孩子们都是在压迫中度过的。教辅书就是压迫的象征，撕书就成为理所当然。而最喜欢的漫画书和小说是不撕的，那是个人爱好，属于自我的部分。

其实，更厉害一点的，还有拆桌子的，把教室玻璃窗全打碎的。有个学生，高中毕业多年后，回母校访旧，趁着夜晚没人，把他当年上学时那栋教学楼的玻璃窗全打碎了。这也是报复的一种。

但还是撕书更安全，一则作为一种反叛，二则作为一种发泄，三则这是对一直以来的权威的亵渎与颠覆，四则这还是私人物品，你管得着吗？！拆桌子砸玻璃泄愤的，怕是要承担破坏公物的罪名。

撕书这件事证明了12年一贯的应试教育的失败——你看，孩子们多么恨"学习"这件事。其实，这些书撕了也就撕了，没什么好可惜的。但反映出来的却是整个教育制度对人性的压迫，一旦得以释放，便会这样反噬。

尽管孩子们的仇恨是应试教育失败的象征，但吊诡在于，这也恰恰说明了应试教育的成功。这又从何说起呢？你看，体制怎么压迫，学生就怎么反抗。你怎么洗脑，孩子便有怎么样的脑子。衡水化的学校以接近暴力的方式管制，孩子们便以接近暴力的方式反抗。这就叫"种瓜得瓜，种豆得豆"。孩子们在以教育体制压迫他们的方式，反抗这个教育体制。这才叫教育的成功。

更有意思的是，我们通过上述分析已经看到，这些撕书的孩子，还是很鸡贼的，因为他们选择破坏的东西，其实都不具有危险性。你要砸桌子椅子，那是破坏公物，你要撕个人看，那是刑事犯罪。唯有撕书，又安全，又有适当的暴力，又过瘾。

即是说，他们在选择破坏性反抗的时候，已经下意识地选择了成本最小的那个对象、那种方式。这即便不能叫作"奉旨造反"，那也是在最高权力的默许之下"造反"。

再生发一点。为什么被压迫的人想要反抗、寻求报复的时候，总会去找更弱于他的那个对象上手。这种逻辑的奥秘，是不是也跟撕书有某些相似之处？

这个教育的成功之处就在于，所谓的反抗，绝不会指向那个造成压迫的根源本身，因为这些孩子多不具备理性，从来就没有人告诉他们理性是什么。有的只是情绪煽动，从痛哭流涕的感恩大会，到歇斯底里的高考誓师大会，肾上腺素无坚不摧。

赵副所长正是何老师的好学生

赵副所长的女儿上学迟到，何老师罚站。于是赵副所长叫人把何老师带走了，讯问做笔录持续 7 小时。舆论一边倒，说警察越权。这是事实，确实越权。但我却以为，这两件事其实性质是一样的。无非一个在教室罚站，一个在派出所罚站。看来，赵副所长正是何老师的好学生，得其真传。

何老师的做法中隐含的一个权力逻辑是，在教室里我最大，我就有权摆布你。那么，在派出所辖区内，赵副所长最大，何老师被带到派出所罚站，也不用怨天怨地。因为，她对孩子做的跟赵副所长对她做的，在本质上毫无差别。赵副所长做的，不就是何老师你教的吗？求仁得仁，又何怨乎？

我们很多体制内学校的老师，从来不把孩子的尊严看作一件多么大不了的事。因而把自己手里那点对未成年人的权力，运用得纯熟不已。尤其是小学阶段，因为身体、力量与社会权力地位的不对等，老师是绝对的强者，跟孩子在一起似乎就有了生杀予夺的权力。迟到了，不分青红皂白先罚站，这正是显示其权威的时候呀。现在，赵副所长也来显示一下权威，你怎么就受不了了呢？你对孩子显示权威的事情怎么这么快就忘了？

我有一个朋友，孩子曾上学迟到，家长认为是自己的责任，连忙给班主任打电话，解释并道歉。这个姿态总也算低了。但是孩子到了教室门口，还是不准进教室。在刺骨的寒风里，于阶下罚站。老师的意图大概是，给点教训以后就知道了。殊不知，这种做法里面所包含的对孩子的羞辱的意味，与教育的本义相去何止千里万里。我至今想来还是觉得特别可气，令人发指。

偶尔迟到有什么大不了的，还只是个孩子。迟到也肯定有原因啊，也许是昨晚写作业迟了，你们不是总愿意给孩子布置数不清的、多如牛毛的无聊作业吗。或者是堵车，或者是爸爸妈妈起得迟了，总可以原谅。聪明的老师还能借此用更好的方法培养孩子的自我管理能力。只是一直被权力驯化的人格，丧失了对教育原则更深的理解，粗暴化、简单化处理。这对孩子的伤害要在很久之后，才会显示出来。

尤其是这位何老师，只有27岁，自己才刚从孩子的年龄过来，就这么快地学会了利用权力羞辱学生。说句得罪人的话，还真是活该。她会这么做，恐怕有两种可能，一种是她小时候可能也曾被羞辱过,一种是她所处的学校环境,可能羞辱孩子是家常便饭。鲁迅说"遗老遗少",27岁的遗少甚至比遗老更可恶。

我参观过一些小学,尤其是名校,多数秩序井然。学校领导告诉我们,在学校里,孩子们素质很高,非常听话,"老师在与不在一个样"。每次听到这个话,我都好悲凉,甚而有点毛骨悚然——我们的孩子都被精确控制到这个程度了吗?

也常看到这样的场景。孩子们正在快乐地互相追打,彼此笑闹,一看到老师马上停下,毕恭毕敬,鞠躬如仪,口称"老师好",噤若寒蝉。这不是教养,也不是素质,这是威吓与规训。

我们的孩子还能不能在自己的学校里自由自在、任性地安放自己的手足?

很久以来,我都在考虑一个问题:这样教育出来的畏首畏尾的孩子,这样慑服于权力的孩子,长大了会是什么样?

现在我懂了,长大后,他会成为赵副所长。

所以我说,赵副所长正是何老师的好学生,正是这样的权力思维教出了这样的学生。

教育是什么,教育是唤醒原力。教育的出发点是爱。你若是对孩子充满了仇恨,压根儿就不配做一个老师。

即便没有恨,至少要知道羞辱培养不出孩子的自立,只能培养出孩子的恐惧，对权力的恐惧。而对权力的恐惧是双面性的，一则是恐惧，一则是崇拜。一旦自己掌握权力，便可以羞辱比自己更弱的人。赵副所长所作所为，不就是羞辱教育结出的硕果吗？！

现在，孩子们真是好艰难。要成为一个人格健全的个体，得有多么大的造化。现在，大家都把目光垂注在这位受到羞辱的何老师身上。可是，孩子受到的羞辱，以及这种羞辱所造成的隐秘、但影响长远的后果，又有几个人来关注？

近来听到一种谬论，是对教师惩戒权的呼唤，要求把惩戒权还给教师。我就不懂，你要的惩戒权究竟是什么。如果指的是罚站、罚抄学生守则50遍、打手心、关小黑屋之类的，总而言之，是对儿童人格的羞辱，那么，很抱歉，我不支持这种所谓的"惩戒权"。

我觉得你要的这种东西，就是法西斯。呼唤这种惩戒权，说明你心里住着的是一个肆意滥权的流氓。而一众为惩戒权欢呼的家长，很遗憾，这是一种斯德哥尔摩综合征的表现，就像罪犯爱衙役，就像人质爱绑匪。

一个孩子，如果他有问题，而且确实是他的问题，那么，这不正是需要作为教师的成年人去帮忙解决的吗？我们把孩子送去学校，不就希望老师帮孩子把问题解决掉吗？

而现在的问题是，我们一个好端端的孩子送来，你却用惩戒和羞辱造成了孩子的心理问题。这个账，我们还没来找你算呢。

赵副所长算是出气了。但我们也不需要敬他一杯,这种对权力的崇拜不断复制、不断传递,何时是个尽头。

长大后,我就成了你,这是我们目前最悲凉的现实。

补课不如补玩

关于教育，我被问到过很多问题，其中有一个是:蔡老师，我家孩子不爱写作业只爱玩，可怎么办?

要是孩子已经学会时间管理了，你还会这么问吗?

要是你已经知道分数没啥用，而你也知道学习正如何在孩子身上发生，那你也不会问这个问题。

我们总是会被一些问题的表面困扰，而忘记了教育的核心，这是教育中的一种短视行为，受到迫切需求的驱使，头痛医头脚痛医脚，而忘记了要用一种较为长远而深沉的眼光去看待教育这件事。毕竟，孩子会走出童年，有漫长的人生历程。

当然，这个要求比较高，暂时不一定能做到。那在当下，家长至少需要一种更为贴切的视角，去观察究竟在孩子身上，发生了什么。

贴切，这个词特别好。以前看小说家的创作谈，其中有一个说法叫贴着人物去写。现在做儿童教育，也总是觉得，需要贴着儿童去思考，去了解他们的真正需求是什么。

那么，当家长产生"为什么孩子爱玩，不爱写作业"的困扰时，很显然，他并没有贴着孩子去想，纯粹是一种成人思维的投射。而我们这种程式化的思维，其实是经过多年训练而成的。

家长发问的这个问题，其实还有各种变体。

比如：为什么我家娃总是坐不住，一坐下就扭来扭去，好像凳子上有个钉子。

比如：为什么我家娃一坐下来写作业就各种小动作，玩玩指甲呀，画画小人呀，削很多铅笔，削得特别好，然而就是不做作业。

比如：我家娃一到做作业，三分钟起来一趟，要么是喝水，要么是啥东西找不到了，总之三分钟一次。

哑然失笑的家长说，这不就是我家娃吗？

作为思虑甚远的父母，接下去就得考虑深层次的问题了，这孩子，该不是有多动症吧？该看医生了吧？该药物控制吗？

思虑一层深似一层，宛如剥洋葱，焦虑也一层深似一层，简直要崩溃。但父母的思虑从来只有一个角度"娃怎么了"，怎么都不会去想"我怎么了"。

经典童话《夏洛的网》里，女孩弗恩喜欢落脚猪威尔伯，把它当作宠物，连上学都要带着藏在抽屉里。这小女孩，也太怪异了吧。她妈妈果然忧心忡忡，以至于带去看心理医生。可是心理医生只跟她说了一句话：这就是童年。

形势比人强，这句话说得不错。"现在大家都这样，我们不能不这样"，一旦说出这样的理由，你已泯然于众矣。一位著名的评论家跟我说，他儿子指责他"你跟别的爸爸也没啥区别"。听完又好气又好笑，又有几分悲哀。可这不正是现实吗？我们以为自己是知识者，想要给孩子一点点不同的教育，可结果呢，还不是泯然众人。

现在的孩子，缺的不是写作业和补习班，而是自由地玩耍，补课不如补玩。

我看到快快不乐的孩子，背着沉重的书包，从一个培训班奔向另一个培训班，忽然想起一句歌词：灯光里飞驰，失意的孩子。但若是奔向球场，奔向游乐场，恐怕孩子的心境，会有所不同吧。最显而易见的道理就是磨刀不误砍柴工，一张一弛文武之道，孩子紧绷的弓弦也需要有适当的放松呀。

所以，当孩子如坐针毡的时候，就是他还没有准备好坐下来的时候。为什么不让他先去玩一会儿呢？慢慢地，陪伴他，慢慢地，让他懂得自我管理。

孩子们不是学得太少,而是玩得太少

去年年底和今年年初,我推掉了两个很大的网络教育机构的上课邀约。他们希望我在他们的平台上,开一个孩子写作或经典阅读的在线课程。我拒绝的原因其实很简单,我认为这个时代的孩子可以学习、获取新知的渠道很多。换而言之,在这个信息泛滥的时代,我们提供给孩子的信息或者知识太多了,而非太少了。只要不甘于无知,孩子们一定能利用互联网使自己变得更聪明。而我要是再去开课,无非是再多一个无关紧要的课程,除了增加孩子们的负担之外,别无用处。

我也会反思现在一窝蜂的网络课程,有时候觉得确实很不错,至少提供了多样化的选择。但有时候也不由得会想,要是这么多好课程,我们都一一为孩子购买的话,孩子们还有时间玩吗?

大多数孩子都是在普通学校上学,每天早上8点到校,回家已经下午 5 点。为了保证睡眠，一般晚上 9 点总要上床睡觉了。也就是说，孩子们每天可自由安排的时间，无非就 4 个小时。这 4 个小时，还要吃晚饭、写作业，要是再来一节网络课，那孩子们还有时间运动吗？还有时间去户外吗？还有时间玩乐高、读闲书、看电影、玩游戏、交朋友、画画、发呆吗？

总之，我深深地觉得，我们的孩子不是学得太少，而是学得太多。每天被大人支使得团团转，为了一个所谓的美好将来而丢失了当下。要知道，闲暇和发呆其实至关重要，孩子的自我正是在闲暇和发呆之中建立起来的。现在的孩子，每天忙着完成父母老师的指令，已经成为父母的附庸和学习的附庸，他们究竟在多大程度上能在童年就开始逐步建立自我呢？一个不能建立自我的人，我不认为他的未来会有多少父母们以为的可能性。

我拒绝了两个可能会上市的公司的上课邀约，完全不是担心我会讲不好，恰恰是我怕课会讲得太好，以至于很多父母孩子喜欢，于是又将本来可以踢球、赛跑、在草地上打滚的时间匀出来听我的课，使得他们本来就极为宝贵的运动与闲暇的时间，越加稀少。这是我不愿看到的。对这一代孩子来说，知识课程永不会少，而运动与游戏永不嫌多。我更希望家长老师们，能懂得这个道理。

家长总有一种紧迫感，希望孩子什么都不落下。应试的那边不落下，素质的这边也不落下。网络课现在热得很，家长看到名师主讲就不由自主地心动，更要命的是，移动支付让付款如此便利。

我曾为孩子买了数学课、编程课，还买了艺术课。要是每一节都听的话，孩子每天4个小时的自主安排时间就都被占用了。我清楚购买这些课的心态，如果不买不听的话就吃亏了。别人家的娃成长一日千里，自家娃呢，还是那个熊样，内心的焦虑，莫以名状……

好了，我们终于找到根源了！你看，买这么多课，其实只是因为我们这些父母很焦虑。我们给孩子买课，很多时候明知道买了没用，还是要买。为什么呢？因为买了就等于拥有了，就似乎暂时纾解了焦虑。

很显然，这种购买并不是孩子的需要，而是家长的需要。在为了孩子好的名义下，为自己的焦虑买单。殊不知，即便买了一大堆课，焦虑仍然在那里。所以，对家长而言，当务之急，其实是有效地、持续地、显著地缓解自我的焦虑。

我想做的，就是这个事。

我也是一个焦虑的父亲。很多朋友看过我写的书，总觉得这个爸爸很淡定，当我说我也很焦虑的时候，还会用怀疑的眼光看我。在当下中国，一旦成为父母，谁又能不焦虑呢？无非是我找到了两个途径，可以显著地减轻焦虑。

一个是写作，书写的过程，就是释放焦虑的过程。

一个是阅读，我读了很多书，育儿的、儿童文学的、教育的、儿童心理学的，等等。当我的认知水平提升了，对儿童和教育有了更深的理解，也就更懂得如何与孩子相处了，焦虑也就显著减少了。

我还发现一个秘密，一旦父母的焦虑减少了，亲子关系就会显著改善，家庭关系也就更和谐。如此一来，孩子的成长就更舒展了。

我为自己这个发现沾沾自喜，迫切地想要说出来跟人分享。事实上，在家庭教育中，我们需要的并不是多么高深的理论，仅仅是常识而已。

这也是我拒绝给孩子报课，却给自己报了一系列父母成长课的原因。12年的父亲生涯，是我生命与心智自我成长最快也最大的12年，让我在人到中年的时候，前所未有地获得了重新成长、重塑自我的深刻动力。只有自我觉醒，意识到自我的真实存在，我们才能成为更不坏的父母，从而将自我成长的动力，带入家庭内部，也为孩子的成长提供独一无二的助力。

如果我们看到孩子有很多问题，则需要反思，到底是不是孩子的问题，根源也许在于父母。一旦父母开始觉醒，开始改变，庶几就能带来孩子的改变。

我们都很爱孩子，爱得深沉、爱得无私，为了孩子可以付出全部。就像前段时间，我们一家三口去商场，妈妈为孩子买了各种衣服，一点都不在乎花了多少钱，但是轮到她自己，总觉得可买可不买，于是就不买。这跟给孩子买课的心态何其一致？

但是我想说，父母也需要新衣服，父母的审美会潜移默化地影响孩子，热爱生活的父母一般也会有个热爱生活的孩子。父母不要光顾着给孩子买课，也要给自己买课。父母的观念先改变了，随之而来的是亲子关系的改善。

谈"不能输在起跑线上"

2018年新年伊始,教育部等四部门发布新一轮减负令,规定具体要求若干。消息传来,家长们也是意见纷纭,有欢呼雀跃的,也有忧心忡忡的。减负喊了几十年,我们却发现孩子的作业负担越减越多,小学生的书包越来越重,而课外培训班一个个都成了上市公司。

面对减负这件事,也生发出了不少奇文,记得有一篇题为《教育部,请不要给我的孩子减负》,读过之后,让人觉得很是奇葩。作者是一个唯以成败论英雄的家长,文章读起来似乎有理有据,事实上却难自圆其说,在其振振有词间,把孩子分成了成功的孩子和失败的孩子。这种等级观念之下,我们的孩子必须出人头地。可是,这存在一个问题,出人头地是必须的吗?你是否接受自己孩子的平凡?接受平凡,尊重天性。我并不是说不需要拓展孩子的可能性,也不是说不鼓励孩子们开发多元智能。只是说,我们需要建立一个观点,即孩子的价值感并不取决于他们的成绩。

说到底,期望孩子出色的想法是很正常的,但前提是,即便孩子平凡无奇,我们也会为他感到欣慰。同时,我们也需要知道,孩子活出他自己的人生才是最重要的。

后来,杨东平老师写了一个文来反驳这篇文章,标题是《教育部,请将减负进行到底》。其中,我觉得最应该让我们引起注意的是那句话:

"一个没有快乐童年、没有健康、没有自我的人生终将是暗淡无光的,哪怕长大后他有学历、有房、有车。"

关于家庭作业的负担问题,多年来一直是个教育热点。有个被广泛传播的段子,说老母亲陪孩子做家庭作业,导致突发心梗,最终装了两个心脏支架。

我在网上搜了一下关于孩子写作业的新闻,内容触目惊心,甚至有大人因为写作业这么一件事失手将自己的亲生孩子打死。读着这些信息,我心里很不好受。

2014年,菜虫读二年级时,我写过的一篇文章,叫《写作业这件事》,介绍了我的一些做法,所得与所失。当时是被杭州一位外来务工人员因为孩子抄作业,失手将孩子打死的惨剧所触动而写的。

现在看来,也不过时,其中虽然多是常识,但是我们现在很多家长,缺少的就是常识。对那位心肌梗死的家长,如果我说活该那是刻薄了,但事实上,更需要学习的不是孩子,而是家长。如果知道多一些教育常识，知道一些孩子成长的基本规律，何至于如此！所以，我说需要"吃药"的不是孩子，而是家长。

我们的很多焦虑，无非是因为社会成见，有一些习见的谬误。比如，我们再熟悉不过的：不能让孩子输在起跑线上。

这是一种竞技心态，把人生当作一场比赛了。可是，人生也许并不是比赛呢，或许人生只是一次各擅胜场的展示呢？2017年年初，我带着10多个小朋友去沙巴潜水，第一堂潜水课是理论课，教练是一个马来西亚华人，他说的第一句话就是：潜水是一次经历，而不是一次比赛。

我当时听了，深受启发。因为，通常我们的孩子即便拿了银牌还要哭，如何能享受参与体育的快乐与投入学习的快乐呢？

不要输在起跑线上这句话，说了多少年，但是，我们需要知道，哪有什么起跑线。谁说我们的孩子就是长跑运动员了？他们不是为了长跑而来的，莫非你天生就认为，我们每个孩子都是长跑运动员？但其实不是啊，孩子都是独特的，多元智能啊。一个人可能是游泳健将，也可能是舞蹈高手，或者就是耽于空想。总而言之，我们各自的孩子不需要生下来，就一定要跟人家赛跑。一旦孩子跑不过人家，你就焦虑啦？转变一下心态，不就把这个焦虑解决了？而我们的家长一般喜欢怎么样呢，不但不解决引发焦虑的根源，反而偷跑、抢跑，给孩子报各种培训班。这样的童年，实在悲惨！

加德纳的多元智能理论很多人都熟悉，这个理念也属于知易行难的范畴。我们都知道对孩子的评价必须是多元的，传统智力理论认为语言能力和数理逻辑能力是智力的核心，智力是以这两者的整合而存在的一种能力。

虽然很多家长知道这个概念，但在面对自己的孩子时，仍然充满无奈，因为有太多焦虑在我们心中。尤其一进学校，焦虑演变成苦大仇深。你有没有掉进这个坑里？我朋友圈里的妈妈们，在孩子还小的时候一天到晚美图秀秀，秀自己家的宝贝。可是等孩子一进小学，画风大变，马上横眉立目，变身中国虎妈。孩子还是那个孩子，妈妈还是那个妈妈，可是为什么从满满的正能量心灵鸡汤，变成了黑手高悬霸主鞭了呢？！

为什么？！因为你掉进那个坑了啊，因为你作为70后、80后，本身就是被应试制度塑造的，现在，无非你重新认同了这个体制，然后来塑造你家的娃而已，而娃已经是新时代具有自由意志的娃了，你的教育无能，可不得着急上火嘛。

对于所谓的减负，我们要建立一种教育哲学层面的思考。不单纯要减少孩子的作业量，更在于减轻孩子的应试压力，以及单一评价尺度带给孩子的压力。罗素说：须知参差多态，乃是幸福的本源。

所以，我真觉得，改变自己对教育的观念、对人生的理解，才是最重要的。要是一直被习见的谬见所裹挟，真会一条道跑到黑，还自以为得计。

但问题还要两面看。事实上，即便是应试这件事，很多学校其实也没有做好，这就给课外辅导培训机构，提供了存在的土壤。

当然，对课外班也不能一棍子打死。事实上，在一些高效课堂、课外培训机构，好老师能起到高效低负的作用。在一个应试的大框架不能彻底解决的前提之下，在学校教育力有不逮的时候，课外的高质量的培训机构，还是有存在的合理性的。我的一位朋友本来是体制内的名师，教书育人，卓有建树。她后来辞职在网上开课，使更多人受惠。谁说课外补习一定是应试教育的帮凶呢？

无论如何，我们要做到的是一定要保障孩子户外活动的时间、交朋友的时间，以及孩子想要无所事事的权利。所谓"请尊重孩子的磨蹭"，并不是每一分钟都需要有实质性的学业进步。在闲暇之中，可能某些创造性的东西正在酝酿。

此外，即便是书法、美术、音乐等培训班，也不要用应试的方式去学。为此家长需要战胜的仍然是我们身上被体制化的一元应试教育的思维方式。

最重要的是，你要知道孩子最喜欢的、倾注热情最多的、最乐此不疲的事情究竟是哪一件，这件事才是给孩子多巴胺奖励最多的。而且这种倾注热情的学习方式是会迁移的,终身学习最核心的奥秘即在这里,一旦他感受到创造性活动带给他的快乐,一辈子造次必于是。

学习是如何发生的

我是一个儿童服务者，一直在做孩子们的营队和游学活动。夏天的时候，我带孩子们在浙江覆卮山做夏令营，其中有一个重要环节叫作山顶诗会，就是清晨起来，大家爬到覆卮山山顶读诗。有一个叫多多的孩子，跟他爸爸一起参加了2017年夏天的覆卮山夏令营，当然也参加了那次山顶诗会。我依稀记得，那次诗会，我跟孩子们一起读的是一首外国诗。

时间过去三个多月，多多早把山顶诗会抛诸脑后。就在这时，多多学校里举办了一个诗歌朗诵的活动，多多想要参加，于是就跟爸爸两个人，在诗选里面找诗歌。一瞬间，多多突然记起了山顶诗会，于是跟爸爸一起回忆那次诗会。奇迹般的，多多把那首诗歌完整地背诵了出来。

多多爸爸跟我讲了这个故事，我跟他说，对了，我要的就是这个东西。死记硬背没用，但是，当你将教育置诸于某个情境之中时，学习就发生了——这才是真正的学习。那些所谓的强化训练，并不是我们所说的学习这件事。

学习的过程，就是一个亲身体验的过程。

教育里最深沉最有力量的部分，往往不是你精心预设的那些教育环节。通常教育环节里，教育重点、难点，以及教育的目的，一二三四五，写得清清楚楚。教育里深沉而有力量的部分，恰恰在于被打乱的，临时发生的，突如其来的那些瞬间。这些瞬间，带着非常活泼的生命的力量，倏忽而来，等你去捕捉。

存在着这样一种力量，可以将我们从日常生活的贫乏里有力地提拉出来。可以是音乐，可以是美术，可以是电影，或者，就是单纯的自然之美。像《庄子》里说的"得鱼而忘筌，得意而忘言"，凭借这个，我们到岸舍筏，接近教育的真义。

教育当然也有技术含量在，但教育真的不能被看作一种技术，在技术之上，尚有艺术在，尚有审美在，尚有生命的无限可能在。因而，即便这一个瞬间会很短暂，但却会以一种巨大的力量告诉我们，生命里某些最为重要的时刻，究竟是怎么样的。

所以，对于父母们来说，请不要对孩子寄予太过功利的厚望，不要将一些可见的、可以量化的评判要素加诸于教育之上。真正动人的教育，正在于你未曾领悟的地方。教育的神秘就在于，当你没有明白的时候，教育已经在你身上发生了。

这就是我们为什么不断地需要将孩子置身于崭新的群体之中，不断地需要将孩子置于一个陌生而新鲜的所在，不断地需要将孩子所处的环境加以陌生化的原因。归根到底，这里有什么呢？有可能性，有不可预料的教育元素发生。这是一颗种子，是千百颗种子，让你爱生活、爱美，能理解、有同情，从而永不为生活的庸常所淹没，永远抱有最为深沉而动人的渴望。

还有一次夏令营，我们也爬到山顶去读诗，那天早晨，有点小雨，我们在半山腰的观景平台上，背对着时有雾气氤氲的梯田，读了胡适的诗歌《兰花草》。当我向孩子们解释什么是文言，什么是白话的时候，看着雾霭缭绕的山顶，我随口念了一句"只在此山中，云深不知处"。天真的孩子们说："啊，原来这首诗是写这里的啊！"

当然不是写这里啦，但诗人在诗歌里所描述的那个场面与此类似，因而，被孩子敏锐地捕捉到了。

就这样，某些已经在孩子们头脑中形成常规的东西，可能会因为某个体验被动摇、被打破、被重建，这其中蕴含着最重要的东西：可能性。

因为学习是一种内在的需求，如果不唤起一个孩子的内在驱动力，依靠外力的强迫，那么，这个孩子所经历的无非是训练。当你强迫孩子学习的时候，孩子的兴趣点并不在学习这件事上，所以效率是很低的。

训练能让孩子成为一个熟手，而真正的学习才能让孩子踏上自我发现、自我寻找的道路。因为他有一个强大的心理动力。

所以，不要责怪孩子不爱学习，因为在强迫下进行的所谓的学习，并不是孩子内心喜欢的，无非是一件苦差事而已。

关于做营队，起初的时候，大家都觉得营队是学校教育的有益补充，但是几年下来，我却发现，营队带给孩子的成长比学校单纯的知识传授，要多得多。就儿子菜虫而言，每个暑假都是他成长突飞猛进的时候，连个头都是暑假蹿一蹿。这件事让我思考得特别深。

每当这个时候，我对教育的理解会发生重大的改变。我意识到，最好的教育不是知识传输，不是开阔视野，甚至不是逻辑思维训练，而是去激发孩子内在最为深沉的成长动力。

一个显而易见的比较是，为什么孩子们在夏令营的活动中充满了参与的激情，一旦进入课堂就变得死气沉沉。为什么？因为我们的营队在激发孩子们的创造力，我们的营队找到了孩子们的兴趣点，帮助他们找到意义感，在实践、参与、体验以及游戏当中，孩子们参与的积极性被激发出来。而体制内的学校教育，经常带给孩子们的是挫败感。

所以教育是什么？就是要激发孩子们主动学习的热情，让他们在学习中发现乐趣，享受学习，享受求知，享受创造，享受一天天成长带来的力量感。所以我们的营队设计，有时候就像电脑游戏打 boss，孩子们渴望遇到一个个新的挑战，然后克服它，然后又遇到新的挑战。

有一本书叫《学习的本质》，作者是法国的安德烈·焦尔当，他在书中指出学习不像在电脑里新建文档记录东西一样，也不完全是一个刺激互动的训练过程，学习是对知识的重新建构。学习者是有知识背景的，学习者根据知识背景对需要学习的知识进行判断，选择是否接受新的知识，在接受新知识的过程中会对原有知识结构进行挑战，在冲突中吸纳新的知识，对原有知识结构进行重组，形成新的知识结构并以此循环。

归根到底，知识的产生、积累以至普及，需要经历艰苦的过程，但是教师意图在短时间内将知识传授给学生，这是不现实的，最起码要让学生经历一些知识创造、传播的情景，他们才可能真正理解知识。而自由的思考、保持好奇心，是学习最根本的动力。

游戏才是更好的学习

电子游戏，被绝大多数家长视为洪水猛兽的，多少家庭内部冲突源自电子游戏。但是在斯皮尔伯格的电影《头号玩家》中，我们会发现原来游戏也能改变世界，在一定程度上可以说这个电影为游戏正了名。

家长反对孩子玩电脑游戏有很多原因，我都理解。

第一，担心孩子的身体，最主要是眼睛，怕近视。但我读过一篇文章，分析中国孩子近视多发的原因是多重因素造成的，过多的学业、过重的应试压力、过大的作业量、过长的室内时间，以及到处可见的人造光源，都难辞其咎。所以家长若害怕孩子近视，应该去反对过多的学业，然后省下时间带孩子去运动、旅行、户外活动等，而非完全嫁祸给电子产品。

第二，担心孩子沉溺于游戏，把时间浪费了，学习成绩落下了。这一点担忧在目前的学校体制之下，确实很普遍。因为，现在的学校教育不鼓励孩子们古灵精怪的创新思维，只依靠一种死气沉沉的，不需要太多智商，只需要苦役的学习方法。时间耗下去，刷题刷起来，不必多聪明，考分总不至于太差。冉云飞老师早有雄文指出——通往比傻帝国。在体制内学校里，考试成绩好不证明这个孩子聪明，只能证明这个孩子忍耐力强。

基于这样的教育现状，家长们总是认为学业与成绩是第一位的，并且是唯一的评价标准。而游戏耗费了孩子们太多原本要用在刷题上的时间，就必然成为学习之敌了。于是成年人与孩子产生冲突，势所必然。

第三，反对游戏，还因为有些家长并不了解孩子真正的需求是什么。

这个问题的根源不在于不爱孩子，而在于不了解孩子，想当然地以自己的思维出发，属于一种强加的爱。强加的爱，亦是病态，里面有家长的控制欲在作祟，或许还有那种家长的威权意识。解决之道无他，需要我们俯下身子，去发现孩子真正的需求。

第四，多数家长并不知道知道游戏里包含的文化奥秘。

从电子游戏出现的那一天开始就处在争议之中。我最早也玩过游戏，玩游戏的快乐是不玩的人无法想象的，这是一种高峰体验，一旦有过就很难彻底免疫。是以成年人就说这是电子鸦片，是毒品。虽说这是深重的误解，可从成年人的视角看，还真有几分相似。

但后来我对电子游戏的态度发生了极大的变化，因为读了几本书。

1.《游戏的人》

作者约翰·赫伊津哈指出，游戏是人类的本性之一。当然他不是专指电子游戏，而是泛指全部游戏。他的主要观点是游戏先于文化，因为总是要先假定人类社会的存在，文化才不充分地确定起来，而动物并不必等人来教它们玩自己的游戏。

2.《游戏力》

其实还包括《游戏力2》《童年游戏力》，这三本书其实都是讲实际操作的育儿书，并非一种理论的推演，比如并没有说为什么人类需要游戏，或者游戏的本质是什么，但介绍了很多行之有效的游戏化的生活策略。对孩子说教无用的时候，游戏是一件法宝。

所以这些书在实际操作的指导之外，更重要的一点在于，这些书在为"游戏"正名。不要以为"业精于勤，荒于嬉"，古人说的这句话里包含着对游戏的深刻谬见，以为学习必然跟游戏是相对立的。其实大谬不然。

每个电子游戏其实都是一个很复杂的软件，并非完全傻瓜式的，学习游戏的过程就是学习这个软件的过程。这种学习能力完全是开放的，是可以迁移的，比如玩《魔兽世界》，需要知道"宏"，知道"宏"的玩家，可以玩得更好。

像我这样的70后，原来对电脑并不了解，玩了《帝国时代》之后创造性地学会了电脑和很多网络知识。这可比交钱去上电脑培训课程效率高多了。

3.《游戏改变世界》

作者简·麦戈尼格尔是著名的未来学家，TED演讲者。这本书特别有意思的地方在于，她认为将来世界就是一个游戏化的世界。书里的观念对绝大多数中国人来说完全是颠覆性的，然而读起来又十分在理。作者认为，游戏化是互联网时代的重要趋势，是通往未来的线索。在未来，可能我们的生活本身就是一个大型游戏的一部分，我们在游戏中释放潜能，获得幸福感与满足感。

书中的一个统计数据很是让人惊讶：到21岁，美国年轻人平均花费了2000~3000个小时阅读，10000多个小时玩各种电子游戏。为什么年轻人会如此痴迷于游戏呢？

作者在书里举了这样一个例子，希罗多德在《历史》一书写道：大约3000年前，阿提斯在小亚细亚的吕底亚为王，有一年出现了大饥荒。起初，人们毫无怨言地接受命运，希望丰年很快回来。然而局面并未好转，于是吕底亚人发明了一种奇怪的补救办法来解决饥馑问题。他们先用一整天来玩游戏，只是为了感觉不到对食物的渴求……接下来的一天，他们吃东西，克制玩游戏。依靠这一做法，他们一熬就是18年，其间发明了骰子、抓子儿球以及很多我们现在常见的游戏。

游戏是最典型的自成目的活动。我们玩完全是因为我们想玩。游戏不会刺激我们对外在奖励的胃口，它不给我们报酬，不提升我们的事业，不帮助我们积攒奢侈品。相反，游戏以内在奖励丰富我们。它让我们积极投入有机会获得成功的满意工作当中，给了我们一种高度结构化的方式消耗时间，和自己喜欢的人建立纽带。如果我们在一款游戏里跟一大群玩家玩足够长的时间，就会感觉自己成了宏伟事业的一部分，成了一个史诗故事、一个重要项目或一个全球社区的一环。

就玩游戏这件事，我可以给大家几条对策：

1. 对于游戏，家长不要视为洪水猛兽，也不必厉行禁止，禁止只会使孩子更加饥渴。解决的办法是协商制定规则，注意，需要协商，而非家长单方面制定，所以这个规则首先是限制成年人的。成年人身体力行不破坏规则，孩子才会尊重规则，单向的禁止从来都是无效的。

2. 增加陪伴孩子的时间。懂得孩子的希求是什么，给他们所需要的那种陪伴，当他们讨厌我们的时候，则自动避开。

3. 设计更多户外活动。带他去旅行，去运动，打篮球，去看足球赛，组建一支球队，放风筝，参加夏令营……

4. 将孩子带向他们同龄人的群体。同龄人自己的亚社会特别重要，可以让孩子们互相影响，从而建构自己的社会。

关于孩子写作业的 10 个药方

家长扎堆交流，彼此吐槽的时候，孩子的作业问题恐怕是谈论最多的一个话题。一谈起写作业，多少家长的内心是崩溃的。有时候简直要怀疑娃究竟是不是自己亲生的。

关于家庭作业这件事，我自己有以下几条原则，可以供大家参考。

第一，家长需要认识童年的特点，了解教育的本质。童年只能完成童年能做的事，有些家庭作业，难度过高，数量过多，超出孩子的心理与生理限制，便可以淡化处理。不是让你成为专家，只要常识就够了。比如，小学阶段的教育中，比较重要的是保护孩子的好奇心，最起码不至于厌学。如果在逼迫强制下写过多作业，而导致孩子厌学，悔之已晚。

第二，给孩子选择一所最适合的小学。最适合的意思，不一定是说这个学校非得是本地名校，别人挤破头想进的那种。也不一定要进"牛娃班"，进个"牛屎班"也无妨。小学最重要的事情是玩，学习如何社交、如何与同龄人相处，以及长身体。小学时候的学霸，以刷题为乐那种，我觉得是不正常的小孩。从我观察到的情况来看，日后各行各业的杰出人才、领袖型人物，基本上都是在小时候喜欢上山偷桃、爬树掏鸟蛋的那种学渣。当然，现在城市化了，这种机会很少，但我就是这个意思，小学时候考试分数高什么也不代表。所以，800万的学区房，其实没必要逞这个有钱人的能。

第三，家长了见了老师，尤其是班主任，可以好好沟通，把你的关于作业太多的意见如实跟老师沟通。老师也跟你一样，是有情感温度的人，一定能彼此理解。不要事先形成畏惧或者对立的情绪。老师不是绑匪，孩子也不是人质。正面交流，有效沟通，你可以试试。

第四，理解孩子为什么不喜欢写作业，主要原因是作业布置得太差劲了，一点都激发不起孩子的热情。你要是布置一个玩《王者荣耀》一小时这类的作业，或者在《我的世界》里建立一个什么建筑的作业，我打赌孩子们都会屁颠屁颠地去完成，所以这就是为什么有些编程课特别受欢迎的原因。因为学习了编程技术，马上就可以diy一个游戏，命令你的英雄去冒险，成就感太强了。这是目前在世界上已经引起广泛关注的一种学习方法，叫作游戏化学习。为什么我们的青少年喜欢玩游戏，因为在网络世界里他们得到了现实世界给不了的温暖、快乐、安慰和成就感！

第五，保障孩子玩的时间。很多家长问我：为什么孩子那么贪玩，不喜欢写作业？这个问题家长是不是得先问问自己？为什么你喜欢放假，每当假期结束要上班了，你就如丧考妣。玩是天性，写作业是苦役，你就不能设身处地为孩子想想吗？家长又问：我是让孩子玩了啊，可是他玩不够怎么办啊？这就是问题的关键，你得让孩子自己学会合理安排时间。怎么让孩子学会自己安排时间呢？你不要一个指令又一个指令地下达下去就好了，把你的控制欲消除掉就好了。

第六，让孩子自己承担没有写完作业的后果。当你把一整段时间交给孩子，让他自己主动安排，如果安排不妥当，没完成作业，那么后果由他自己承担。因为这是孩子自己的选择，他选择，他承担，这不是我们家庭教育的原则之一吗。多重复几次，哪怕多失败几次，他就学会了。这一点，归根到底是时间管理、目标管理与自我管理的问题。

第七，让孩子提高写作业的效率，这是专注力的问题。同样是初一，同一个学校，为什么有的孩子晚上 8 点就把作业做完了，有的孩子需要做到 10 点，甚至还有 11 点以后的呢？问题不在于智力，智力都是差不多的，最主要的是孩子的时间利用率，就是说每个单位时间，孩子是不是都很投入地在做某事。看漫画就专注地看漫画，刷试卷就专注地刷试卷。

第八，搞清楚陪伴孩子的意思。请注意，你是陪伴孩子写作业，而不是监督。监督的话，你就是拿摩温，孩子就是包身工。而陪伴的意思是，写作业挺难的，也挺累的，但是爸爸妈妈愿意跟你一起分担。陪伴让孩子感受到的是温情，而监督让孩子感受到的是胁迫。

第九，调整你在家庭中与孩子的话语方式，多多听取孩子的意见，让孩子知道他的意见是有用的。同情地理解，接纳孩子的情绪，共情并陪伴。在逼孩子做作业的时候，究竟我们的心理动因是什么，这值得我们反思。是为了孩子将来好，还是为了不输在起跑线上，还是为了你要命的掌控一切的欲望？清醒的自我认识，会给你带来亲子关系的极大改善。

第十，最重要的是，你要知道孩子最喜欢的、倾注的热情最多的、最乐此不疲的事情究竟是哪一件。因为这件事，是给孩子多巴胺奖励最多的。更关键的是，倾注热情的学习方式是会迁移的。终身学习最核心的奥秘就在这里，一旦他感受到创造性活动带给他的快乐，一辈子造次必于是。

所以，不管作业有多少，不管刮风下雨，不管路途艰辛，请一定要保障孩子做自己喜欢的事情的权利。这件事是唤起孩子原力觉醒的关键，也可能是孩子将来最有成就的事业。

但是我必须说实话，这些我目前也无法全部做到，甚或做好了。只是观念如此，自己希望自己朝这个方向努力而已。

说白了，一旦做了父母，谁又能是完美的呢？所以，我们这些"熊父母"，也需要接受自己经常性的无能为力。在育儿过程中没有遗憾、没有过错的，最终培养了完美"牛娃"的爹妈，只存在于成功学育儿鸡汤之中。

您那么放任，您家娃学习成绩怎么样啊？

鉴于我对孩子的自由教育理念，以及从来不给孩子报培训班的做法，经常有人质疑，提出尖锐的问题：那你家孩子的学习成绩怎么样啊？

我一般都是这样回答的：那要看你所谓的"学习"究竟是指什么了，如果单指学校的应试成绩的话，那我家娃的考试分数的确不是学霸型的，但是他的学习却很强。

很多父母经常把自由等同于放任，以为所谓的自由教育就是完全不管孩子，这个看法是不对的。秉持自由教育理念的家长，要做的事情更多，也更全面、更具前瞻性。

对于我们来说，自由这个词首先意味着群己权界。自由就是自己为自己的选择负责。比如我家娃，无论做什么事，我们之间都会有漫长的商量过程，他若不答应，我们是推行不下去的，而一旦他做出决定，那么他基本上都会承担自我选择的后果，不管是好的结果，还是苦果。

我们从不强迫他做什么，但他分内的事情，自己一定会做完。从他懂事起，乃至漫长的小学阶段，我们一起做的最重要的一件事，就是让他学会了自我管理，让他能自己安排时间，能自我管理个人事务。短到一个傍晚，几分钟吃零食，几分钟做作业，几分钟发呆，一般都有大致计划。长到一个暑假，他基本上能够把自己的时间和必须完成的事务安排得较为有序。在这点上，我很骄傲。小学阶段，每天回家作业不管多少，他一定要在晚餐前做完。有时候作业特别多，就只好把晚餐时间往后推。

2017年暑假，他的计划是去一次台湾地区、参加一个夏令营、学会自由泳。去台湾是8月初，他就算着时间，在去台湾之前，把暑假作业都做完了。他数了数有几页，算一下去台湾之前有几天，每天做几页，就完成了。寒假里，他提出要去越南，于是在去越南之前，他也把寒假作业做好了。慢慢建立起自我管理的能力是我多年育儿中，自认为颇有成效的事。

关于学习，也是如此。我们都知道小学阶段的考试分数并不能代表什么，所以并不特别看重。考试分数高，自然会表扬他，但考试分数低，也不至于严肃地批评他。有很多孩子会因为考试分数高而受到表扬和奖励，因为考试分数低而遭到批评，这样客观上会让孩子产生一种误解，认为"爱是有代价的"，只有做好孩子，爸爸妈妈才会喜欢。这是一种很糟糕的心理暗示。

这里，就涉及我们对于"学习"这个词的理解，我们不把学习等同于考试分数，或者说，考试分数只是孩子成长过程中的诸多指标之一，并不是决定性的。而好奇心、专注力、自我管理能力等，才是我认为的学习力最核心的要素。

所以，你就明白了，为什么我会说孩子考试分数不怎么样，但学习能力挺好的。

其实，一个学习能力尚好的小朋友，应试也不至于太差。菜虫因为成熟比较晚，人偏幼稚呆萌，所以一二年级时，考试分数是全班偏末尾的几个之一，甚至还发生过交白卷这样的事故。三四年级就到了中等，现在呢，大致也就中等偏上。其实具体细节我还真不知道，因为我对这个实在不够关心。

我说这些是想告诉我们的爸爸妈妈，即便只看考试分数，你也需要知道，应试的教育是一次汽车拉力赛，以12年为界。所以在小学阶段，需要让孩子留有余力，如果在小学阶段，即需要家长强力压制，潜力被早早地发掘，甚至让孩子厌学，那如何度过这漫长的12年呢？

所以，我还要再强调一遍，在小学阶段，对万事万物的好奇心，对自己感兴趣的事物的专注力、自我管理能力，这些才是学习力最核心的要素。

2017年夏天至今，菜虫迷上了"二战"的历史。这个兴趣点，跟我们去台湾游学有关。菜虫很奇怪，为什么台湾跟大陆都是中国人，却台海两隔？我就跟他讲了一下"二战"的后果，地缘政治的变革。没想到，这么略略一讲，他竟对"二战"开始沉迷了。

先是看关于"二战"的电影，我粗略算了一下，菜虫已经看了 20 多部关于"二战"的电影，比如《战马》《辛德勒的名单》《美丽人生》……最直接的结果就是，他对敦刻尔克大撤退、诺曼底登陆的细节如数家珍。他知道美国的哪个空降师是在哪个海滩登陆的，令我甚为吃惊。当我把一张新买的世界地图贴在客厅时，他看见了，迫不及待地开始寻找珍珠港，以及发生过激烈战斗的岛屿。

接着，他还读完了科尼利厄·瑞恩的《二战史诗三部曲》，这套书包含《最长的一天》《遥远的桥》《最后一役》三本，卷帙浩繁，菜虫自己读的并不多，基本上是妈妈读给他听的。

虽然菜虫已经六年级了，但他还是喜欢我们读书给他听。他自己独立阅读的还是以桥梁书、漫画书和游戏书为主。有一次我推荐给他一本书，想让他自己读，却被他拒绝了。这一点，我并不焦虑。虽然我四年级就读《封神榜》《东周列国》了，但那时候我没得选啊，又没漫画看。不过，每个孩子都不一样，朋友家的孩子，才上幼儿园小班已经识得好几百个汉字，还经常在朋友读书时加以指点。我家菜虫读一年级前，只认识一个"中"字。那也无所谓啊。

有家长问：你们都六年级了，怎么还让家长念？这里有一个亲子共读的点，你看，在《朗读手册》里，人家高中生还喜欢爸爸给他们读书呢。还有一本叫作《为爱朗读》的书，那个爸爸连续3218个夜晚为女儿读书，从不间断，哪怕在出差的时候也要通过长途电话读书，甚至感冒咽喉肿痛无法发声时，仍旧坚持给女儿读书，直到读完上百部经典，成就了一个杰出的孩子。

我与虫妈从孩子10个月大开始给他读书，先是绘本，接着是童话，现在则文史哲科学，也从无一天停止。2017年，读完了《人类简史》和《未来简史》。也是卷帙浩繁。因为每天读书，所以菜虫的语言体系，是书面语体系，他的思维逻辑，也是书面语的思维逻辑。他的神逻辑使他经常能发现一些我们不太会想到的视角。

比如，看了电影《愤怒的小鸟》之后，菜虫问我：为什么电影里要去上情绪管理课的三只小鸟都没有家人？当他提出这个问题时，令我大吃一惊。果不其然，去上情绪管理课的三只鸟都是孤儿。他们的情绪管理问题正是原生家庭的问题，说白了跟没有安全感有莫大的关系。良有以也。而这一点，恰恰是我没有看到的地方。菜虫竟然有儿童心理学的视角！

前几天，刚读幼儿园小班的小朋友灰灰跟她妈妈说："妈妈，以后我要开一个幼儿园，每天都给小朋友们放假。"我当时觉得灰灰讲得很有道理，因为没有幼儿园也就没有放假这一说，只有先建一个幼儿园，才能有放假这个概念。

我把灰灰这句话讲给菜虫听，菜虫说："小灰灰说得对，要是她不开幼儿园，那么小朋友们也还是要上幼儿园的，小灰灰开了幼儿园，小朋友都去小灰灰幼儿园，就可以天天放假了。"

我听完，崇拜地看了菜虫一眼。我觉得，此虫的逻辑能力，在乃父之上。

好啦。我要说的，就是这些啦。我看重的是基于孩子的兴趣，而能在他人的帮助之下自主学习的能力。这之中，一个孩子的学习力、逻辑力、材料整合能力等，都得到了锻炼。关键是，他得到的不是死的知识，而是可以迁移的能力。就像爱因斯坦说的：什么是教育，就是你在学校里学到的东西全部忘掉之后，剩下的那个。

至于未来，我们谁也不知道会怎样。我们只能给以最大的善意，最多的祝福：愿你桥梁坚固，隧道光明。

如何培养孩子的阅读兴趣和阅读能力

同事问我:"蔡老师,我家娃不爱读书,给他买了好多世界名著就是不读,可怎么办呢?"

我反问他:"我认识你10年了,从来没见过你读书,你说娃为什么不爱读书?"

当然,我跟这位同事很熟,所以可以这样半调侃半指责地说,他也不至于生气。其实我只是想说一个事实,在家庭里父母的身教远重于言传。一个书香家庭,首先是父母自身热爱读书,才会潜移默化地影响到孩子。

清代的姚文田,写过一副对联:

世上几百年旧家,无非积德

天下第一件好事,还是读书

古人说"书犹药也,善读者可以医愚",这句话当然是有道理的。但在今天,我们跟孩子讲读书这件事的时候,希望大家不要把书当作药。首先,孩子们都好着呢,没病,读书不为治病；其次，药是有疗效的，读书则不然，通常在很长时间内看不到效果。所以经常会有家长问"为什么孩子读了很多书还是不会写作文"，这便是原因。

从整体上讲，我们要以一种非功利的心态去对待读书。

兴趣最重要，孩子阅读要以兴趣为主导，我们需要做一些激发孩子阅读兴趣的事情，避免做挫伤孩子阅读兴趣的事情。

比如，提供足够多的阅读选择。比如，制定阅读奖励制度，像读一本书奖励一个棒棒糖什么的，总之给出一种心理暗示，书是甜的。再比如，把旅行和阅读两者的体验结合起来。举个例子，菜虫去年夏天去台湾之前，读了很多关于台湾的书，看了很多关于台湾的电影，这是他内心自我驱动力的表现。他想去台湾，于是就有了了解台湾的愿望。最近他在读一本从台北诚品书店买回来的伦敦地铁书，因为是繁体字，有很多字不认识。我问他干吗要读这个书？他说有机会他想参加杭州越读馆郭初阳伯伯的英国游学。这就是孩子受内驱力驱使而读书的一种。

哪些是挫伤孩子读书兴趣的呢？

第一种就是指令型阅读，把读书作为任务分配给孩子。我们知道，任务是外部强加的，没人会喜欢。比如，我们自己读了一本书觉得很好，这个时候需要以建议或者商量的口吻跟孩子说："宝贝啊，这本书爸爸觉得挺好的，你要不要看看？"如果换一种命令式的口吻，孩子也许就不接受了。我们需要有一种认识，阅读口味是很私人化的，你喜欢的孩子未必喜欢。

第二种就是应试型阅读，要求孩子读完之后要有反馈。比如有的小学考试内容涉及《窗边的小豆豆》，以检测孩子有没有读过。我们知道，考试也是没人会喜欢的。本来多好的一本书啊，现在因为考试弄得天怒人怨。

那么，如何培养孩子的阅读兴趣和读书习惯呢？我们可以做以下几件事情。

带孩子去书店

经常带孩子去书店是个培养孩子阅读兴趣的好办法。就像我，很多好朋友都开书店，我日常所去之处就是书店，孩子的日常就变成了在书店的日常。

在书店购书和网上购书的体验是不一样的，有种如入宝山的感觉。尤其现在的独立书店体验感很好，很多有专门的儿童区，还有饮料。成年人也喜欢在书店喝咖啡啊，比如万圣书园之于醒客咖啡，西西弗书店之于矢量咖啡。如果我开书店，我也要在书店里卖咖啡，名字都想好了，就叫白鱼咖啡。

书店的设计往往都很好看，所以有机会就带孩子去一些独立书店，看看设计都是受教育了。比如苏州的诚品、慢书房，杭州晓风书屋，北京万圣书园等。

此外，书店经常会有一些作家分享之类的活动，孩子参加此类活动受到的教益，比闷在家里做练习题不知道要好多少。曾经有好几个朋友跟我说过某一次书店的演讲改变了自己这样的话。我有一个跑马拉松的朋友，现在都已经成为越野选手了，就因为柳红在南方书店的一次演讲，使他成了运动发烧友。带孩子去听的一场杰出人士的演讲，最终使孩子成为杰出人物，这是完全可以期待的。

在家里给藏书编目

如果能够借鉴图书馆里书目的编排方法整理书籍当然最好，但我们没那么专业，而且只有两三个书架，不过，归类还是要做好。科学跟科学在一起，文学跟文学在一起，彼此之间关系比较要好的作家就让他们在书架上做邻居。比如《魔戒》和《纳尼亚传奇》一定要放在一起，因为它们的作者托尔金和C.S.路易斯是莫逆之交，被称为牛津大学的双子星座。《哈利·波特》也要跟这两本放在一起，因为罗琳之所以写《哈利·波特》，一定程度上是为了向《纳尼亚传奇》致敬。总之，这是孩子自己的独立书架，孩子要有自己的分类标准，家长给与他空间就好了。

随身携带你的宝贝书

要读的书随身携带或者带一个kindle。我一般会随身带2~3本书，再多就太重了，也会带一个kindle，但我还是习惯阅读纸质书，只有那些一时找不到纸质书的才读kindle。随身携带的3本书中，一本较为轻松、一本较为沉重、一本是最近最喜欢的作者的，这样的搭配会比较好。因为读书是一件很累的事情，尤其是读一些专业的理论书籍，大脑运动量很大，容易疲乏，这个时候换一本轻松的就当休息了。为什么要带一本你最喜欢的作者的？这是我的一个窍门，相信我，你会利用任何零碎时间把最爱的这本书读掉，无须占用整块的时间。

建立个人自己的阅读习惯

近年来，我已经不太习惯正襟危坐地读书了。尤其现在，如果我在书桌前坐下，那肯定是有写作任务。我现在阅读最多的就是乘坐飞机、高铁的时候或旅行的间隙。我最爱坐飞机了，来一个半小时，去一个半小时，没法刷微信，刚好读完两本200~300页的书，让人很是满足。

睡觉前读半个小时书，是我30年左右的习惯了。

还有就是漫长的垃圾时间里，比如去银行排队、去医院排队，都可以带上本书。不过，我们现在基本上是刷手机的。

现在还有一些听书的平台。有一段时间我在开车时，会打开App听书，但是鸡汤太多，而我想读的书不好找，渐渐也就不怎么听了。

我还是建议，每天抽出一段比较长的时间，端坐在书桌前，全心全意地阅读一本书。

读书的工具

读书，首先要有一本书，然后，再有一支铅笔，用来划书。因为我对书比较宝贝，舍不得用水笔划，铅笔的伤害小一点。还有就是一堆书签和一个笔记本。

读书有一支笔，可以做批注。书签则用来做标记、写注解。读到比较在意的地方，划了线条之后，就把书签夹在那里，以后就不会找不到这句话了。

最重要的事，做笔记

准备一本你喜欢的笔记本吧。我读高中的时候，因为好的读物比较少，可还是记了很多本笔记，现在印象还很深。我很多现在会背诵的诗句，都是那个时候记下来的。

这样一本笔记本非常有好处，可以经常翻看。我年轻时抄了很多古诗，结果大学读中文系时，古典文学课要背古诗，对我来说就很轻松，因为基本上都会背。

还有就是名人名言记得狂多。以前教书，课堂上有傻孩子问我，"老师，你每节课都说名言警句，是不是昨晚上备课的时候特别背出来的啊"。其实完全不是，就是因为年轻时读书喜欢做摘抄，抄了好几本笔记，还经常翻看的缘故。

读后感和书评

归根到底，我们一起读书一起学习，最核心的要素在于学会时间管理。李开复有一句鸡汤，大意是男人在30~40岁这10年间,每天晚上8点到11点这三个小时做什么决定了他在40岁之后的成就。我很喜欢这句话。因为我就是这样的,40岁的时候,成绩不突出、业绩不突出,椎间盘突出。

为什么我们的孩子不再刻苦了

我当高中语文老师的时候,语文试卷里曾出现过这么一篇文言文,讲的是一个爹,是个大官,吃饭时不给孩子吃肉,只给素菜。爹说,肉是他的俸禄买的,所以他可以吃,而孩子还没有自己的俸禄,所以只能吃菜。若想吃肉,就得好好读书,考中科举,获得功名,才有肉吃。

那是物质不丰富的时代,如今的孩子面临的最大的问题就是普遍偏胖。不是有没有肉吃的问题,而是营养过剩的问题,菜虫都有双下巴了。我现在最关心的事情就是如何激发孩子去热爱运动,而不是刻苦念书。

我生在农村,"双抢"季节里,父母很晚才从田地里疲惫地回来,还要做饭给我跟我哥吃。我哥自小读书勤奋,我恰是我哥的反面,一点都不刻苦,我妈语重心长地告诫我,要考上个大学吃国家饭,就不用像爹妈这么辛苦了。后来,直到高考前,我总算刻苦了一下,考进了马云的母校。直到辞职，我的年收入也没超过10万，而那时我高级职称已经评上10年了。

而一位同学，他没考上大学，后来去看风水了，算命寻穴、改造房屋，收费动辄上万，目前坐拥房产十几套——我没跟我妈说，这也是知识改变命运。

"知识改变命运"这句话，大概20年前就有人在谈。但这个恐怕只对刚刚恢复高考之后的那十几年有用。现在呢，改变命运基本上靠拆迁。我听过最冷的一个笑话：某夫妻在2008年之前卖掉北京的房子赴美留学，10年之后学成归来，他发现已经连18线小城市的房子也买不起了，这就叫知识改变命运。

我们的孩子为什么不用功了，不刻苦了？因为他们所处的时代，已经完全不一样了。从前那个场景没有了，动力也失去了。

以前，我们之所以会匍匐在严酷的应试体制之下，是因为通过严苛的制度，我们可以改变命运，可以获得学习之外的东西。动力不在于学习新知的乐趣，而在于获得功名之后的那块肉。就像朋友说童年时学电子琴，他之所以愿意去学，完全不是因为爱音乐、爱艺术，而是爸爸答应每次学完电子琴就给他吃一块光明牌的大冰砖。

而现在呢？我们的孩子不是没肉吃，也不是没有冰激凌吃，生活本身已经足够美好，完全不必刻苦，一切奢靡的物质享受就在眼前，他们就生在蜜罐子里，你叫他怎么有动力去刻苦？

即是说，因为技术的进步、物质的丰富，我们的教育也面临着一个三千年未有之变局。

在中国，向来有学海无涯苦作舟的传统。关于学习，我们被谆谆告诫的励志格言，从来就是要吃苦。比如"悬梁刺股"，比如"囊萤映雪"，比如"凿壁偷光"。贫穷的孩子勤奋读书，终于有朝一日"朝为田舍郎，暮登天子堂"。这样的胡萝卜挂在辛苦拉磨的驴子面前，骗了一代又一代，垂数千年。

然而，我们现在的孩子，不吃这一套了。但教育体制的严苛依旧，于是便与孩子们生活的现实发生了前所未有的冲突。

关于囊萤读书的故事，我也跟菜虫同学讲过，菜虫关心的是萤火虫的光有多亮，能照明多久。他捕捉到的关键信息不是刻苦读书，而是一个科普问题。两年前，菜虫的口头禅是"又不会死的"。问他作业做完了没？他回答："又不会死的。"早上叫他起床，以免迟到，他回答："又不会死的。"我分析过菜虫同学这种无所谓，除了"熊父母"要求不够高之外，想来是他对当下的生活也还大体满意。而他不甚满意的，则是学校教育。

我们现在的学校教育和家庭教育如同刻舟求剑。时代是一条河流，一直在往前流淌，我们的孩子当下所处已经是后现代之后了，可是我们还在前现代刻下标记的地方找来找去。你刻在船上的那条痕迹，就是多年前父母老师刻在你身上的那条痕迹。这种思维的惰性，岂不悲夫？

旧的教育观念失效了，那么新的在哪里？

其实，新的教育早已经出现在地平线上了。这一代孩子，他们的使命在于寻找自身的价值，活出自我。唯有这一条路，才可以唤起这一代孩子的原力觉醒。这个时候，"刻苦"这个词或许会消泯，取而代之的是"投入"。身为父母，在当下必须要帮助孩子认识到，他最富有热情的事情是什么。然后，将他最多的生命热情投入进去。如此，他才会真正地"沉迷于学习不能自拔"。这种学习才是他生命深处的渴望，是本能的冲动，带有强烈而不可遏制的能量。

我的侄儿，下半年就要去康奈尔大学念书了。听到这个消息，我高兴地开了一瓶酒，一个人自斟自饮。侄儿读书其实也蛮用功的，甚至说得上投入。但都不是爹妈逼的。我这里用的形容词是"投入"，而不是"刻苦"。2016年他参加的高考，考前还在熬夜看欧洲杯，《权力的游戏》也刚好那时候更新，他还追剧，你说他刻苦吗？我觉得，他最重要的经验，不在于康奈尔大学毕业就有肉吃，而是他很早就明确了自己的目标，于是就给自己设定了方向，同时他有自我管理能力。

用他妈妈的话来说就是，"豆豆这个人啊，思想力超过同龄人，学习力也超过同龄人"。这都是因为，他早早地便有了自我意识。他读初中时,凡是听我批评应试教育,他便开心得不得了。读了高中,就不再对我随声附和,而是有了自己的主见。虽然失去了侄儿这个超级拥趸我颇有失落,但更令我高兴的是,他有了自我,建立了用以评判事物的独立尺度。

我私下里较为乐观地认为,这一代新人将是自我的,是彻底的个人主义的。他们的使命乃在于彻彻底底、完完全全为自己而活,而非为了任何外在的事物。

我们的孩子为什么不再刻苦了?因为刻苦没用了。而我们这一代父母老师,当下真正的使命在于,迫切需要改变自己的教育观,引导孩子去享受他们所享受的那些事物。只有在真正感兴趣的事物上,他们才会将最为宝贵的思辨力、专注力、学习力和创造力投入其中。

迟早有一天,他们将会充满激情地去建构他们的生活,重塑属于他们的世界。

快乐抑或严苛，什么样的教育才是可能的？

我们这代人是听着苦读成才的故事长大的，诸如凿壁偷光、囊萤映雪、悬梁刺股等。我初中时，在书桌前贴了一副对联：书山有路勤为径，学海无涯苦作舟。

我们一听要用功读书的故事就深以为然，进而逼着孩子们去苦读。但是，我们恰恰忘掉了一点，学习其实是一件快乐的事情。因为获取新知是人生最大的乐趣之一，所以才有"朝闻道，夕死可矣"的说法。

如今的孩子在学校里之所以感受不到学习的快乐，不是因为孩子不好学，而是学校里教的东西，以及教的方法，可能不一定适合孩子的接受心理。

所以核心问题在于，要帮助孩子找回学习的快乐。我始终认为，如果一件事需要你"努力"地去做，那么，这件事就不是你真正喜欢的。对于学习而言，道理也相似。其实，学习，也就是获得知识这件事本身是会给我们带来快乐的，并且这个快乐很大，以至于我们会沉迷于学习不能自拔。不信？！孔夫子就说过"发愤忘食，乐以忘忧，不知老之将至云尔"。心理学家河合隼雄则说"若说拼命用功就能变得了不起，那是天大的谎言，纯属无稽之谈""用功这东西是同人生毫无关系的东西"。

这些说的大致是一个道理，那就是学习原本是一件很快乐的事。

奈何，你可以秉持这样的观点，但这个时代的风尚却并非如此。很多家长还是认为孩子需要用功读书才行，于是发展出一种严苛的教育模式。好多家长还是信奉"你现在吃苦是为了将来不吃苦""爹妈逼你学习是为你好"。

可是，时代已经发生了深刻的变化，一考定终身的状况已经改变了；我们的孩子也已经发生变化了，老师家长依然秉持陈旧的教育观念，不是刻舟求剑、缘木求鱼吗？

这种严苛的教育模式，以著名的某某中学为代表，严苛到什么程度呢？

早上跑操，一边跑步，一边喊口号。一日三餐，去餐厅是用跑的，不能走，因为要想在规定的15分钟内完成用餐，不跑是来不及的。

因为这个原因，经常有孩子一瘸一拐，那都是跑步惹的祸。

有报道称，某某中学的食堂是没有座椅的，在食堂吃饭必须站着吃。也对，从教学楼下来到餐厅，吃完再回到宿舍，一共只有15分钟，哪有时间坐下来呢？

这算是严苛教育的极致了吧。但是这种教育的本质是什么呢？还在把学生当作活生生的个人吗？

某某中学最成功的地方就在于将中国的威权主义传统与现代工厂的分工制与管理方式、现代官僚管理方式与技术手段，奇妙地结合在了一起，化为一个学校的精细化管理模式。

威权主义、造神运动、群体广场活动等用以洗脑，这些我们都见识过。我说某某中学是个传销团伙，就因为这些本质上的相似。

但其始作俑者最大的创造性在于，将现代行政管理模式用在了学校管理上，并与威权主义相结合，发展出一种全新的，从而具有更高更强更具控制力的学校管理制度。

请问，这样的机构出来的孩子即便考上了北大清华，其一生最重要的创造力还会有吗？我们要的严苛教育的后果，无非就是这个，难道真的是我们家长所期望的吗？

换个层面来讲，严苛的教育，如果这种严苛是外加的，那么这种外力在一定时间内或许有效，一旦外力消失，那么孩子的动力也就没有了。我们家乡有句谚语：强按牛头不喝水。

所以，我倾向于认为，没有严苛教育这一说，核心在于唤起孩子们学习新知的动力，即是我所谓的"原力觉醒"。一旦获得这种内驱力，家长的严苛都是浮云。

我的亲侄儿，现在在康奈尔大学念书，他就是一个原力觉醒、有自我管理能力的实例。2016年，他参加高考，那一年刚好欧洲杯来了，刚好美剧《权力的游戏》更新了，刚好，高考那天，著名的游戏改编电影《魔兽》首映。

侄儿是球迷，所以他要看后半夜才有的精彩比赛；侄儿还是个美剧迷，一直追《权力的游戏》。还好，他不玩《魔兽》。就是这个孩子，在高考之前，球赛、美剧一个没落，本科还考到了浙大。为什么呢？这要换别人，家长都急死了。可我这个侄儿，就是一个非常会合理安排时间，非常懂得学习方法和策略的人。

追根溯源是他从小就爱读书，早就构建起了强大的自我，所以他非常清楚哪些事是重要的。即便高考前还在追美剧，但并不影响他学习时的专注。

真正的教育，只有在自由之中，才能实现。侄儿的学习就完全是自由的，没有家长和学校的强迫。

那些因为一个权力的管制，而不得不终日刷题的教育，是假教育。在自由的环境中，从自我内心萌发的那些动力、那些渴望，才是我们想要看到的教育可能/可以发生作用的所在。

更深层的教育着眼于激发孩子的成长动力——原力觉醒。

基于此，所谓的成才，我们也需要重新定义。孩子是一个独立的个体，我们无权要求他成为我们想要他成为的那个人。至于是否成才，那也是孩子在自我决定的人生方向上成才。这要视孩子的自我评价为定，而非世俗意义上的成才。

此外，严格要求必须是孩子自己对自己严格，而非家长对孩子严格。我理解的严格，是一种投入的、高要求的自我约束，这是孩子自身生发出来的对自我的要求，而非外界所加。所以，帮助孩子建立自我管理能力，尤其是时间管理能力，尤为重要。

最近读了采铜的《精进：如何成为一个厉害的人》这本书，其中第四章的主题是"成为一位高段位的学习者"，看完，只有一句读后感：牛的人不但聪明，而且善于学习。

比如，"学习力"其实是一个很值得深究的词语。我们经常讲学习方法、学习效率，其实最关键的一个词，叫作学习力。就我的理解而言，检索、解码等能力当然很重要，但最重要的是，要做一个跨界人士。用采铜的话来讲，就是让不同的知识发生化学作用。

但我最想说的，其实是一点感慨，我认识的所有厉害的人物，没有一个不是又聪明、又勤奋、又善于学习的。每天清早起来，朋友圈一扫，我再次发出哀号：叫我们这些中人之智的中年朋友怎么办？！那些牛得闪闪发光的人物，起得比公鸡还早，睡得比猫头鹰还晚，每日读书、写作，发明各种前所未有的物事。我经常心里想，各位大侠，能不能高抬贵手，赏阿老师一口饭吃呢。

第四辑

最好的教育，就是永不放弃自我的成长

《星球大战之绝地武士》：真正的学习是如何发生的

其实，很少有家长真的不在意孩子的成绩。毕竟，我们生活在群体里，彼此比较、彼此竞争，也属于正常，拼爹之外，还得拼娃。但是，太在意分数，也是不必要的，分数不重要，重要的是你需要知道，在孩子身上学习正在如何地发生。

很多朋友不理解我所谓的"学习"这个概念，我想通过《星球大战：最后的绝地武士》这个电影来解释一下，什么才是真正的学习。我曾就这个电影写过一篇影评，题为《真正的学习是如何发生的》。

关于电影《星球大战》，相信对于追这个电影很多年的影迷来说，自然再熟悉不过了。《最后的绝地武士》是2017年上映的《星球大战》系列电影之一。

天行者卢克躲在全银河系最难找的一个星球上了其残生，

但还是一把火把绝地武士学院给烧了,虽然,最后那把火是尤达大师的灵魂烧的。卢克和尤达大师有一个共识,那就是面对一个崭新的时代,传统的学校模式已经没有用了,那些古代的典籍再也不能给新时代的原力觉醒者崭新的启迪了。

在此前,绝地武士都是需要师徒相授的,知识由长一辈的老者拥有,而新人需要在长辈的教导之下才能学会技艺,成为绝地武士。这像极了传统的学校,乃至神学院,知识是一代代传递的,而最古老的知识则是智慧的源头,记载在最古老的典籍里。

然而,绝地大师卢克正面临一个崭新的世代,在这里传统的知识已经没有用了,新的知识以几何级的速度爆发式增长,新的一代也以前所未有的力量萌芽,出现在大家面前。就像我们这些传统教育者所面对的一代新人一样,他们空前聪明,空前地拥有高密度的信息,空前地拥有获得新知的能力,也空前地比我们更懂得掌握新技术。

就像剧中的新一代蕾伊,她被自身拥有的力量所震惊,特地前来寻求卢克的帮助,但卢克其实已经没有什么知识能传授给蕾伊,因为蕾伊已经独自实现了与最深层面的对话。如今的我们像卢克一样,所能做的不再是知识的传递,而是帮助新一代,让真正的学习在他们身上得以发生。

传统教育失败了,但蕾伊身上却发生了真正的学习,她认识到了自身的原力,也认识到了自己的天命,在自我认识和自我实践中，蕾伊终于学会了与自身的原力融合。在片尾，蕾伊举起了封锁山洞的石头，她学会了掌控自己身上的原力。

真正的学习就是这样发生的，归根到底在于一个人是否实现了自我认识，并在试错中真正学会掌控自我。

明白了这一点，我们再来讨论考试分数重不重要这个事情就顺理成章了。因为学校对孩子的评价标准是一元的，就以应试分数论成败。然而，我们知道这个评价体系已经失效了，不能成为衡量孩子们水平的标尺，我们呼唤更多元更科学的评价体系。

或者说，在这个时代，传统教育失败了。我们需要孩子成为一个主动的学习者。不再有口耳相传的神秘知识，唯有对孩子"原力觉醒"的期待。

至于我们这一代教育从业者，再也不要倨傲地以为可以教育孩子们什么了，这是一个向孩子们学习如何学习的时代，传统的教育正在远去，而真正的学习方兴未艾。我们能做的，无非是作为一个专业人士，帮助孩子让他们身上发生真正的学习而已。

与《星球大战》相似的还有阿米尔汗的电影《三傻大闹宝莱坞》，剧中兰彻的故事，同样很好地诠释了我所谓的自主学习。

传统教育方式很大程度上将人看作一个知识的容器。既然是容器，那么个性、情感、想象力等都不应该被鼓励，甚至不能被关注。这个容器在学习阶段不断被装载乃至超载，考试时倾倒出来，罄其所有。当个体真正需要以独立身份去面对纷繁生活时，却发现传统教育并没有给予这个容器以有益的锻造。

假如人只是一个容器，那么教师在教育中的作用就仅仅是管道或者传送带，也可以说，教师是另一种容器，他的工作就是将先前盛满自己的固态知识，原封不动换到学生这个容器里，这与《摩登时代》中的工业流水线并没有多大差别。如此一来，我们的教育体系仿佛由钢筋、水泥或者花岗石作为部件而构成，体态巨大且坚硬死板。机械、刻板、按部就班、墨守成规便成为最合乎逻辑并可以得到赞许的美德。而人的本质属性，属于生命内在需求的自由思想与美好创造，全然看不到了。

问题在于，我们身处的世界并非全然灰色的钢筋水泥丛林，而是一个缤纷多彩的世界。这种令我们愉悦的缤纷多彩并非由机械与刻板所带来，恰恰相反，丰富多彩与参差多态，往往来自某些不甘寂寞、匪夷所思的念头，以及追随这些念头并乐此不疲的冲动。

创造是一个好词，一个褒义的，充满了明亮光芒的词汇。歌德说："衡量天才的标准是有所创造，而所创造的须对人类发生有益的影响而且有持久性。"这是对创造这个词的高标准阐释，如果我们从更广泛的意义上来讲，个人的创造表现在生活的方方面面。在电影《三傻大闹宝莱坞》中，主角兰彻的创造力似乎与生俱来，他的脑袋里装满了各种古灵精怪的点子，这些点子甚至更多的是恶作剧，而远非严肃的科学发明，兰彻的创造是以叛逆的方式表现出来的。这种叛逆并非呵佛骂祖藐视权威，并非不知天高地厚的年轻自得，而是来自对日常生活经验的颠覆，对既定思维方式的突破。思想往往伴随着勇气，在传统教育的既有成规中，追求自己的人生，从事自己喜欢的事业，那种抛开一切的卓绝勇气如同钻石般熠耀闪光。

所以，我以为教育应有的本质是教育拓展人的自由，使人获得突破窠臼与成规的勇气，让人有力量按照自己的意愿生活。我们释放与生俱来的创造力的那一瞬间的高峰体验，是幸福的源泉。

如果有了这样的认识，那么考试分数还会一再刺痛我们吗？我们会建立一种更具长远意义的评价标准。就是我说的，知道孩子身上学习正在如何地发生，才更重要。

《千与千寻》：孩子成长至为关键的时期父母反而看不见

电影《千与千寻》里，有两个特别有意思的细节，前后恰成对比。

电影一开始，爸爸妈妈要进隧道去探险，千寻不想也不敢去，但看到爸妈去了只好跟随，手紧紧地抓着妈妈。这显然是因为心理紧张，以至于妈妈说"不要抓太紧，不好走路"。

电影结尾处，同样的隧道，爸爸妈妈在同样的地方等千寻。看到千寻，妈妈责怪说："一会儿时间就跑那么远"。穿过隧道时，千寻还是紧紧抓着妈妈的手，妈妈又说了那句"不要抓得太紧，不好走路"。但这个时候，千寻紧紧抓着妈妈的手已经不是因为害怕或者紧张，而是一种别后重逢以及把爸爸妈妈成功救回来的欣喜。

这两处细节对比，说明进入隧道之后，千寻经历的大冒险，爸爸妈妈一无所知，他们甚至都不记得自己曾经变成过猪。爸爸还是原来那个鲁莽的爸爸，妈妈还是那个爱数落人的妈妈，而千寻呢，已经从一个胆小、紧张，因为搬家而伤心的小女孩，变成了一个勇敢、有担当的孩子。

我们需要感慨的是，在孩子的青春期，在孩子心灵成长的重要时刻，父母居然是缺位的。假设千寻的爸妈事后知道女儿为了救回他们所付出的艰辛，所遭遇的磨难，又会做何感想？要是我，设身处地想一下，会内疚到心绞痛吧。

感慨也罢，心痛也罢，这里说明了一个家庭教育的真相：有些事情，尤其关于孩子的心灵成长，父母是没有办法替代的，孩子必须独立去面对。

就像河合隼雄说的那样，孩子们就是在家长看不见的地方，做着"坏事"长大的。其实，这句话重点不在"坏事"，而在"家长看不见"。每个个体必然是独立而自由的，即便身为父母，孩子从你而来，你却不能替代孩子而活，不能替代孩子去成长。这是一个显而易见的常识，可惜我们却往往看不见。

尤其在目前这个教育焦虑普遍弥漫的时代，一部分家长甚至不惜为孩子安排好所有的美好人生——当然，前提是如果他能。

但如果我们从电影《千与千寻》的这个角度去理解，倒是可以得到一些家庭教育的借鉴。有些发生在家长视野之外的事情，你压根儿不知情，更不用说去掌控了。你想要的安排，又从何谈起？

所以，唯一的办法就是趁早帮助孩子做好应对未知的准备，而不是企图替代孩子去应对未知。

这个道理对那些全能掌控型的爹妈来说，不啻是一个悲剧。因为，看似全能型的掌控，其实是一个力量不断递减，最后完全失控的过程。

幸好，孩子并不是一张任由大人涂抹的白纸。孩子拥有自我学习、自我调整、自我适应等自我成长的能力。进入一个新的环境，孩子身上这种与生俱来的学习力，能够帮助他很好与周围的环境融合。千寻就是这样的，从这一点看，千寻的爸爸妈妈在之前的家庭教育中，做得也还不错。

千寻也曾经害怕过，在堕入异世界几乎要消失的时候，她害怕；知道爸爸妈妈变成了猪之后，她害怕；去见凶神恶煞的汤婆婆的时候，她害怕……但是，千寻最终战胜了自己的害怕，正如那句名言所说，唯一值得害怕的，就是害怕本身。

一旦战胜了害怕，千寻身上原本就有的优秀品质，比如善良有爱、勇敢执着、负有担当等就都焕发出来了，正是这些优秀的品质让千寻终于赢得了新环境——油屋里所有人的喜欢，有白龙、锅炉爷爷、小玲等本来就对千寻抱有好感的人，也有那些本来对千寻抱有敌意的人，还有妖魔鬼怪、各路神仙。

是以整部电影结局时，千寻猜出一群猪当中没有爸妈的时候，汤婆婆的魔法被破解，人们的欢呼久久不息。在我的理解里，这就是荻野千寻的成人礼。

作为中国式玻璃心父母，我们总是没完没了为孩子担心。事实上，孩子跟我们所处的世界是一模一样的。有冷酷，也有温情；有敌意，但更多善意；还有危险，但不去经历这些危险，孩子如何获得身心的成长呢？

龙应台说："所谓父母，就是那不断对着背影既欣喜又悲伤，想追回拥抱又不敢声张的人。"但我觉得，我们尽可以更达观一点，就像千寻会遇到白龙、小玲、锅炉爷爷、无脸男、钱婆婆一样，我们的孩子也会勇敢成长，并且成长的道路他不会独自走过。

中毒的爱：
《小欢喜》中的三种家庭教育模式

《小欢喜》这个连续剧，讲的是三个家庭各自不同的家庭教育，都很贴近生活本身，就像我们的邻里之间。接地气，激起观众共鸣，这是这部剧最成功的地方。我看了一部分，确实也觉得特别有代表性。代表什么呢？代表的就是，咱们绝大多数中国父母，都不会做父母。

核心问题在于，这三个家庭里的亲子之爱，或多或少，都有"中毒的爱"的嫌疑。

爱孩子，这是常识。但爱不得法，便会产生一种有毒的爱。这是苏珊·福沃德的看法。在这个剧里，中毒最深的，便是宋倩和乔英子的母女关系。

每次看到宋倩和乔英子相处，我就浑身起鸡皮疙瘩。宋倩用独断的爱，生生扼杀了乔英子的生命活力。这是全剧最令人毛骨悚然的地方。

乔卫东疑似出轨，宋倩离婚，从此单身一人抚养乔英子。这其中的甘苦，为人父母者，都可以想见。作为观众，我也是很理解的。

但宋倩的问题在于两个方面。第一个方面，宋倩是控制性人格，她是完全掌控型的。工作上，是补习班名师，在高档小区书香雅苑有4套房子。家庭内，也是全面掌控型的，对乔英子从生活到学习没有不管好的，事无巨细，算无遗策。宋倩永远在做两件事，一件是给乔英子弄吃的。在前几集中，完全没有看到宋倩给乔英子点外卖过。另一件呢，就是给乔英子做试卷。

第二个方面，宋倩的世界里只有乔英子，完全没有自我，而把乔英子视为自我的投射，宋倩的自我实现，是通过塑造乔英子来实现的。这样，就出现一个问题，她完全无视乔英子是一个独立而自我的个体，每一件事，都是她想要乔英子做，而非乔英子自己想做。放飞梦想的时候，乔英子要宇航员，宋倩要清华；冬令营的时候，乔英子要南大，宋倩要清华；玩乐高，乔英子要一个航模，宋倩要清华……请问这是一种什么执念？

一旦乔英子想要反抗，她就用自己的所谓牺牲来绑架乔英子。为了你，我朋友都没有，甚至都没有了自我。我想，没有自我的人，即便没有孩子，她也仍然是没有自我的。没有乔英子，她会把自我寄托在另一个事物上面。

这是很多父母有意无意就会做出的一个反应。当孩子试图反抗，就把以下这些话丢过去：你看，我一把屎一把尿把你拉扯大。你看，为了你，妈妈满头白发，老了这么多。拜托，要一个孩子是你自己的决定，你自己要为你的决定负责好不好？此外，即便你生孩子，不养育孩子，你还是会变老的。这是自然规律，跟孩子没关系。

整个剧中，宋倩和乔英子的母女关系是最令人汗毛直竖。尤其是乔英子曲意逢迎，以博得妈妈的欢心，那种故作懂事的自我压抑，看得人难受死了。求乔英子的心理阴影面积。

这种强迫的爱之下，乔英子自然会逃跑，她喜欢刘静阿姨，原因简单极了，因为刘静不勉强她做任何事。她会跟方一凡抱抱，也只是求安慰。任何在家庭，孩子成长中缺失的部分，孩子们都需要找回补偿。

而宋倩的反应呢？不是自我反思，而是嫉妒，吃醋。相信每一个观众都会为乔英子感到心疼。但我们是不是应该自我反思一下，我们在何种程度上，没有宋倩的影子呢？

相比于宋倩和乔英子，童文洁和方圆一家，咋咋呼呼的，似乎其乐融融。但是存在的家庭教育问题，也显而易见。

如果说宋倩是全控性的妈妈，那么，童文洁就是救火型妈妈。剧里童文洁第一次出现，就是因为儿子方一凡跟人打架了，着急慌忙去灭火。这样的妈妈的特点是，平时在教育和家庭教育中，并没有什么措施，一旦出事，就飞身救火。

而救火的方式，对于童文洁来说，简单的很，就是不分任何场合，揍方一凡。

这样的父母我们也很常见，平时管饭，饭管饱，学业不论。而一旦老师告状，就冲着孩子一顿吼。以为这一顿吼就是教育了。其实呢，并没有什么用。教育不单单是耳提面命啊。家庭教育就藏在日常生活的每一个细节之中。出事了再来灭火，请问你是消防员阿姨吗？

童文洁跟宋倩相比，那真是弱爆了。论工作吧，童文洁想要做女强人而不得，饭碗都没端好，竟被助理设计上位。论家庭吧，也没管好，一天到晚叫外卖。在前面的几集里，我们看到，宋倩给乔英子的，全是营养餐，花爱心炖的。而童文洁一家呢，连早饭都是外卖——直到方圆失业成为家庭煮夫，才吃上好饭。编剧的这个细节设置，还是很有意思的。

这个家里的爸爸方圆，看起来推行的则是宽松教育。但这个"宽松教育"问题大得很。方圆所谓的宽松，经常是和稀泥，没有原则和底线。宽松是对的，但宽松与和稀泥有本质的区别。凡事的是非曲直，总要有一个说法，就事论事，见招拆招。方圆凡事都追求息事宁人，而非就事论事把问题解决，这不是智慧，而是乡愿。这样，这个家庭里，看似自由，却无边界，这就是纵容。

此外，方圆最大的一个问题是，他对自己没有要求。喜欢小鱼小虫，每天混日子，有点时间就去花鸟市场，不好好做好自己的法务，只知道逗蝈蝈。这里存在一个最大的问题，这个爸爸，放弃了自我的专业成长。是以才有被辞退的遭遇，而被辞退之后，也再难翻身逆袭。

我们一直说，做父母的，最好的家庭教育，就是做好自己。父母在自己的事业上的追求和进步，就是给孩子最好的教育。所以像方一凡这样的，高三了还是一个混不吝，这也是其中的一个原因。

我对方圆的诟病就在这里。三个老男人中，乔卫东、老季，各自事业有成。方圆，你凭什么跟人家混呢？每次吃日料都是乔卫东买单，这该多不好意思啊。也不是说方圆必须发财、必须当大官、成大名。我的意思只是，一个人，有没有在你富有热情的事业上，真诚地努力过，这才事关个体尊严。

当然，这一家人后面各自的成长，也都清晰可见，这种成长，我们还是需要点赞的。方圆有自我认识了，童文洁则对家人全部接纳，方一凡开始自我发现等等，都很值得赞赏。再则，谁都是第一次做父母，求全责备也不公平。说起来，童文洁与方圆一家，可能还是我们比较羡慕的一种家庭。家人之间有话直说，孩子与家长之间没有隔阂。日后屡遭不幸，却能顽强度过，互相扶持，这一点也必须归功于他们的家庭之爱。

季区长和刘静一家，显而易见，就是诈尸式育儿了。孩子小学没毕业就离开了，到孩子高三才回来。孩子成长过程中，最重要的六年，爹妈都是缺位的。所以这个家庭中，父子之间的冲突最为尖锐。

这个就不用了细说了。我们都知道爱的本质是时间。有句鸡汤这么说：爱是最长情的陪伴。家庭教育么，陪伴是一条基本要求。而若在最重要的成长阶段爹妈缺位了，之后要来补偿，千难万难。是以季区长和刘静笨拙的努力，看着也令人心焦。还好剧情设计里，他们觉悟比较高，各种补偿，终归聊胜于无吧。

我们看这种家庭剧，投射的往往都是自己。评论是这么写了，可是，完美父母，谁又能够做到呢？

论《权力的游戏》中史塔克家族的家庭教育问题

如果三观还算正,再加上政治正确的话,我们要说"人生无非就是一场体验,家人就是一场陪伴",这个是很正确的了,奈何这是正确的废话。

我一点也不想讳言,其实人生还是存在竞争关系的,也还是存在鄙视链的,或多或少,或隐或现。所以你为什么非得杰出呢,虚度光阴难道不好?当然,敢于说自己的人生理想是虚度光阴的,八成是个人生赢家。

既然竞争,总得有赢家。那么,最大或最终的赢家是谁呢?自然是笑到最后的那个人。在《权力的游戏》里,就整个家族而言,最后的赢家显然是史塔克家族了。

《权力的游戏》是一部历时多年才拍完的美剧,改编自乔治·雷蒙德·理查德·马丁的长篇小说《冰与火之歌》。

这部剧以几大家族的兴亡为背景,讲述了一段权力纷争波澜壮阔的历史。其中，最扣人心弦的就是史塔克家族和兰尼斯特家族的恩怨。最终，以奈德为首的史塔克家族成功复仇，我以为其中也可以看出两个家族在家庭教育上的不同选择。

奈德虽然在第一季中就惨遭砍头，但是良好的家风借助奈德健在时的家教传统，一直留传了下来。除了少狼主罗柏被胜利和爱情冲昏头脑，死于血色婚礼之外，家族中其他的子女几乎个个成才。这里的成才有两个意思，一个是他们都成了自己最应该成为的那个人，另一个是他们在自己的领域里都成了领袖级的人物。

当然，第8季大结局还没有到来。即便史塔克一家为了与异鬼作战而伤亡累累，我也认为这是非常值得钦佩的精神。史塔克一家是正义、勇气和担当的象征。这种精神不死，便是家庭教育的成功。

布兰一开始练习射箭，就是射不准。因为布兰生来就不该是一个战士，果然，他成了一个先知。二丫作为女性，是需要学习女工针织的，但她就是坐不住，射箭之准远超布兰，果然她后来剑法高超。而长女珊莎，一直做公主王子梦，我们一直以为她就是那个傻白甜，但随着剧情的发展，我们看到她几乎成了全剧中最富有智慧的女性。琼恩就更不用说了，虽然一开始他是以私生子的名义出现，但是奈德深爱他，最终他成为最富有担当精神的那个人，高贵的骑士精神在他身上表现得淋漓尽致。

中国古话说，譬如芝兰玉树，欲使其生于庭阶耳。这个狼家后代才俊辈出的结果，对于追剧7年的观众来说，自然是欣慰极了。

我们看到，在《权力的游戏》全部7季中，矛盾关系都是借由几大家族之间展开的。然而主要人物性格个个饱满，并不完全是家族的附庸。但主要冲突大多数时候还是基于家族展开的。这自然是由各大家族利益冲突和价值观分歧所导致。

那么，为什么史塔克家族凡是活下来的个个成才了呢？这个结果，当然不全是偶然的，分析史塔克家族的家庭教育就会发现，其中存在着某些必然的因素。

剧集伊始就为我们呈现了史塔克家族的家庭教育，有两个细节值得一说。

第一个细节，布兰练习射箭，每次都脱靶，几个哥哥都嘲笑他。这时候，原本远远观看的父亲奈德说话了，他斥责了嘲笑布兰的哥哥，维护了布兰的小小尊严。这个细节让我们看到，作为父亲，他对每个孩子的全部接纳。即便贵族家的男孩都需要受训成为骑士，但奈德并不勉强布兰一开始就在这个方面崭露头角。奈德可以接受布兰射箭很糟糕这个事实，并且不吝鼓励。这是一个很有智慧的父亲。

第二个细节，守夜人因为看到了异鬼而逃跑，被北境捕获，按律要宣判死刑，而死刑需要公爵亲自执行。奈德·史塔克在行刑时，把几个儿子都叫去了。琼恩是私生子，也得去。布兰还是个孩子，也必须去。这么血腥的场面，为什么孩子们必须一起目睹？奈德说，只有你亲自行刑才会明白，判决死刑是一个多么艰难的决定。

插句题外话，我并没有读完《冰与火之歌》全文，但还是饶有兴致地阅读了好几册。最初打动我，让我觉得马丁老爷爷的皇皇巨著相当不俗的，便是这个细节描写。从家庭教育的层面看，这里是什么呢？是身教。让孩子跟自己同处于一个困境之中，如何尊重法律与原则，如何保持同情与怜悯。同时，要让孩子知道，做任何决定都是艰难的。在你做出决定之后就意味着，你要去承担这个决定的后果。

后日琼恩在黑城堡成为守夜人总司令，他也艰难地下了一个决定，处死叛乱者。这里面的决断，未尝没有受到目睹父亲处决逃犯的影响。这就是家庭教育影响最深刻的地方。

总结来说，奈德与凯特琳在家庭教育上有几个特别值得一说的原则。正是这些原则，最终使几个孩子出落成一代具有领袖气质的才俊。

第一条：童年的爱与陪伴

奈德其实不太愿意去君临城担任首相之职，最重要的原因之一是他不想离开家人，他知道一家大小都需要他的守护。当然最后他还是去了。好在他离开之前，已经把最好的陪伴给了孩子们。在日后孩子的成长过程之中，这些陪伴的温暖是一种持续的回忆。

在一个人的成长过程中，童年自然是最重要的。童年时期，父母之爱所建立的安全感是一个人成长为人格健全的个体的重要保障。至少，奈德在离开临冬城之前，把这种陪伴给予了他的孩子。

后来，因为君命难违，奈德还是去了君临城并带走了两个女儿。这也是不得已的骨肉分离。在临冬城的男孩，还有母亲之爱；在君临城的女儿，还有父亲之爱。

第二条：爱的原则，如其所是

爱孩子的一条原则是，爱你所爱，如其所是。奈德这一点做得很好，他对任何一个孩子都是很纵容的，愿意他们去追寻自我，成为自我。

举个例子，在如何对待二丫这件事上，就是充分尊重了二丫的天性。二丫就是学不会做大家闺秀。奈德也曾努力，让嬷嬷教她，奈何二丫不听话。于是，奈德只好听从二丫自己的意愿，给她请了一个击剑的教练。

因为奈德尊重了二丫的天性，并不勉强二丫按照自己的意愿去行事，最终二丫成了手刃仇敌、得报大仇的杀手。

第三条：自由与边界

前面我们用了"纵容"这个词。其实，纵容有点贬义，中国家长一般愿意认为"养不教父之过"，纵容就是家庭教育中没有原则，没有底线的表现。其实，我想说的是自由。

自由这个词，首先意味着边界和规则。在狼家，这一点也做得很好。比如，对于布兰这个机灵的娃，奈德和凯特琳都是很喜欢的，爱愈珍宝。布兰喜欢爬来爬去，在城墙上如履平地，奈德和凯特琳除了提醒他小心之外，居然从不制止。这就是自由与边界之间的一个分寸。自由就是，你想爬，那就去爬。边界在哪里？你要为自己负责，别掉下来就好。

所谓家庭教育中的自由，还有一点就是为自己负责，因为自由和责任是对等的。你拥有自由也便需要学会对自己负责。

当然布兰被弑君者推下了城墙，从此半身不遂。但布兰对于自由、自我负责的理解已经根深蒂固了。布兰奔波流浪于绝境长城的两边，成为三眼乌鸦，如果没有这种自小习得的自我负责，未必办得到。

令人动容的是在前往黑城堡投奔琼恩的路上，布兰终于明白了自己的天命。于是，他在一个哨所跟琼恩失之交臂，他没有再去投奔琼恩，而是起身去承担自己的职责。这是布兰自由的选择，从此布兰历尽艰辛，只是为了承担自己的命运。

第四条：家族传统

在《权力的游戏》中，每个家族都有自己的家训。狼家的家训是"凛冬将至"。这个家训特别好，因为这是居安思危的家训，也是提醒自己职责的家训。事实证明，最后只有这个家族的人，首先知道了"凛冬将至"的事实。

一般而言，家族总有传统，我们把这个传统叫作家风。在一个人的成长中，家族传统非常重要。而家风并不是一朝一夕就可以形成的，是需要代际传递的。奈德身上是他父亲的教育，六个孩子身上是奈德的教育，这就是家族传统。家族传统通过日常生活继续下去。

第五条：流浪与受难

在我看来，狼家的每一个后代后来都卓有建树的原因，归根到底家庭教育只是奠定了他们成功的基础而已。最为核心的因素其实跟家庭教育无关，那就是每个人的成长经历。

狼家最后归来四个人：琼恩、珊莎、二丫、布兰，每个人都经历了漫长丰富的苦难，屡次与死亡擦肩而过，琼恩甚至都死过一次，这就是成长的代价。这一点在西方的文学传统中，显然可见。只有历经万水千山，一个人才能将自己锻造成器。

然而，我们还需要给受难下一个定义。什么意思呢？如果不存在意义，只是受难，那么再大再多的受难也只是荒谬。只有被赋予了意义的追寻，只有在受难之中得到心性的成长，才是有意义的。

二丫没有成为一个无面者，因为她觉知自己的体内流着狼家的血，她是一个史塔克。这是二丫的意义。

琼恩被叛乱者刺死于雪地之上，他用死完成了救赎。从此，他不再是一个守夜人，作为绝无仅有的一个人，他必将用生命和肉身之躯去承担更多的责任。这是琼恩的意义。

　　布兰和珊莎也一样，都经历了痛苦的蜕变。这些苦难，最终锻造了他们。

《冰雪奇缘2》：最好的教育，就是永不放弃自我的成长

《冰雪奇缘2》的故事紧承《冰雪奇缘1》而来。《冰雪奇缘1》是一部很典型的好莱坞童话，历经艰辛，终成善果，艾莎成了女王把国家治理得井井有条，雪宝每天都很开心，人们从此过上了幸福的生活。

这个幸福的生活表现在人民享有和平；艾莎和安娜结束了一天的工作，晚上一家人在一起玩"你做我猜"的游戏。

那么，问题就来了。据说"从此以后，她们过着幸福的生活"，可是究竟何谓幸福？对每个人而言，幸福这个词的意义是等同的吗？如果你所谓的幸福并不是我想要的，那又怎样？

这些问题，其实都不堪追问。

所有的童话都会在这里结尾：王子和公主终成眷属。但没有追问，终成眷属之后呢？所以好莱坞电影《革命之路》才

是深刻的，它打破了童话的虚构，告诉你也许厌倦、怀疑、背叛……也是日常生活的一部分。

摆在艾莎面前的也是这个现实。她们一家人在一起很幸福，那这种幸福确实是她们每个人一致想要的吗？会不会有人厌倦呢？厌倦之后，又会怎么样呢？

我对《冰雪奇缘2》的观感，说来也令人诧异，我居然想起了鲁迅的《过客》。艾莎虽然成了女王，但还是会经常听到一个声音，这个声音一直在呼唤她，只有她自己听得到。鲁迅笔下的过客也一样，有个声音一直在前面叫他。

但是好莱坞制作和先锋作家就是不一样，《冰雪奇缘2》历经艰辛终成正果，结尾仍是大团圆，是喜剧；而鲁迅的过客，只是往前走，前途未卜。这是一个毫不留恋的、决绝的理想主义者。

那么，这个声音意味着什么呢？

在《过客》里，鲁迅没有具体描述这是个什么声音。只是说不止过客本人听到过这个声音，端坐门前的老者也听到过。老者说，不去理它，这个声音就不再叫他了。而过客则不然，他一直在倔强地往前走。因为这个声音，一直在前面叫他。

艾莎听到的那个神奇的声音，在电影里是一段动人的旋律，似乎是艾莎童年时母亲唱过的摇篮曲的某个片段。这个声音在远方、在高处，呼唤着艾莎。

无论是过客听到的声音，还是艾莎听到的神秘音乐，我们都可以理解为一种象征。这一象征的价值是相似的：催促这个人上路，前往其内心深处最渴望的前方。只是我们需要考虑，这个声音究竟来自外界呢，还是发自内心？

在召唤下，艾莎决定启程，去追寻这个声音。

我把《冰雪奇缘2》看成一个自我教育，个体不断成长的故事。即便艾莎已经成了女王，用童话的话语来讲，那叫从此过上了幸福的生活；用我们现在的话来讲，那叫事业有成。但是她内心始终有一个声音在呼唤，她依然要去追寻这个声音。

所谓的自我教育就是这样，你需要在不同的时间段，去发现人生崭新的使命。从而再度去经历，去成长，去寻找那个真实的自我。

正如我们在影片中看到，魔法女王并不是艾莎的最终归宿，她是精灵本身，所以要去追寻真相。而安娜呢，她一直在守护艾莎，而最终也凭借自己的勇敢、忠诚和智慧，实现了她的自我——她才是那个完美的人间女王。这是《冰雪奇缘2》告诉我们的道理：所谓的幸福，就是成为你自己。而这需要你去冒险、去追寻，甚至踏上死地，置之死地而后生。

生命是有限度的，但生命也可以有不断延续的长度。《冰雪奇缘2》向我们提出了一个新的挑战，就是即便梦想成真，或者你人生中段的理想已经实现,你该怎么办?

我想每个人都需要不断自我追寻。对每个个体而言,最好的教育就是永不放弃自我的成长。漫长的人生旅程尚未到达终点,你会在人生的任何一个节点,重新发现自己的使命。

生而为人,我很抱歉。就像鲁迅笔下不断前行的"过客",在最后说:"我只得走,我还是走好罢……"这是追寻者毅然决然的姿态,也是推石头上山的西西弗的永恒苦役。果然,相比于鲁迅的冰冷,《冰雪奇缘2》作为好莱坞电影,还是太鸡汤了啊。

《都挺好》：他们从来没有学会为自己的人生负责

《都挺好》这部连续剧我大概看了前三集，看得怒不可遏。苏母至死也没有机会学习做一个不过分的妈妈，而苏父在掌控他的绝对力量消失后，恢复了巨婴的本来面目。当然在婚姻与家庭中，他一直是个巨婴，只不过之前有一个高于他的力量存在，这个力量规划了他婚后的全部生活，他只要服从就好，所以看起来无非就是怂了点。但是他的所作所为对家庭的影响，是深刻的。我们说，不成功的父母，也没办法养育出成功的孩子。这个成功，不是指事业成功，而是指自我实现。在《都挺好》里，父母的扭曲也造成了三个子女的扭曲。我的愤怒，即在此处。

人心都是肉长的，我不太相信，家长会偏心到像剧里的苏母那样，把女儿的房间卖了，女儿还不知道。当然，戏剧有来自生活而又高于生活的部分，但这个剧揭露的对儿女不尊重的本质，却是一样的。

剧中，苏母看起来喜欢两个儿子，吃饭时鸡腿一个儿子一只，没有女儿的份儿。老大是面子，老二是里子，女儿则是用来被牺牲的搭头。但在本质上，苏母对三个孩子的不尊重是同等的，她完全没有把三个孩子看作三个独立自由的个体，只不过是她用来实现自己未曾实现的人生梦想的工具。

这部剧里的全部问题，根源都在家庭教育。

家庭教育的重要性，可能比学校教育、社会教育重要百倍。如果一个人不是在家庭教育中养成健全的人格，即便将来成年了，个人生活中仍会陷入泥潭，不可收拾。直到这个人自我觉醒，能通过自我教育，较好地疗愈自己。

这个家庭的症结在苏母赵美兰嫁给了苏大强，也是基于父母之命，不是赵美兰的自由选择。苏大强在赵美兰眼里是个窝囊废，一辈子只是一个图书管理员。赵美兰本可以有更好的选择，因为父母的决定，不得不嫁给苏大强，这就使得赵美兰的一生陷入悲剧之中。她的一生，没有得到爱情，也没有实现自我发展。

一般而言，一个人在其人性的深处，都有自我实现的本能。这一本能暂时被压抑，必定会以另外的方式曲折地表现出来。

赵美兰不能自我实现的愿望，赵美兰与苏大强之间扭曲的夫妻关系，赵美兰没有得到爱情的现实，构成了这三个孩子的原生家庭。赵美兰给与了她的三个孩子这样的家庭教育。

因为没能自我实现，她就把一辈子的希望放在了大儿子身上。大儿子考进了斯坦福，是一代学霸，学成之后留美工作，是一家人的面子。这一家子都不是为自己活着的，而是为了面子活着。这一点被长子苏明哲完完整整接受了。

苏明哲一生努力学习，只是为了妈妈的面子，为了家族的面子。他一辈子在扭曲自己，而不是自我实现。考斯坦福并不是他自己自觉自愿的选择，是妈妈寄予在他身上的热望。是以之后他因为母丧归国，却完全不能承担任何一件家庭的重压。

二儿子是个妈宝男，啃老族，一无是处。大学考不上，妈妈花钱给买的；工作找不到，妈妈给安排的；娶媳妇买房子，同样是妈妈给操持的。但我为什么要说，二儿子跟大儿子表面上完全不一样，但本质上同样没有被苏母尊重呢？

因为，苏母跟所有正常的妈妈一样，对孩子有溺爱的部分，也有管教严厉的部分。然而，苏母将这两部分割裂了，把严厉管教全给了长子，把所有溺爱全给了二儿子。之所以说是溺爱，是因为这种爱完全没有边界。于是，二儿子完全没有能力承担任何责任。他跟老大一样，同样没有发展出自我，成为一个能为自己人生负责的成年人。

只有小女儿，因为一直被重男轻女的家庭无视，没有人关注，任其野生，反而打拼出了自己的一片天空。只是这个小女儿，其实是一个极度缺乏安全感的人，甚至连谈恋爱都不会。为什么缺乏安全感，因为她从小没有得到足够的爱。安全感的缺乏，来自童年爱的匮乏。如果人生不能幸福，那么挣再多钱，取得再大的功名，又有什么用呢？

这真是一部极好的讲述家庭教育的片子，我们从事教育行业的真的可以从中得出很多教育原理。这些原理说千条道万条就一句话，我们要重视家庭教育。而家庭教育中最重要的，就是要做好自我的本分。

在家庭中，每个人都有自我实现的需求，我们要做的本分就是尽可能地满足这一需求，从而互相接纳，彼此支持。关于家庭教育的原则，关于父母如何对待孩子，其实可以归纳为8个字：爱你所爱，如其所是。

父母要给与孩子足够的爱、无差别的爱，这种爱是孩子将来成人之后获得幸福的根源。一个童年无爱的人，长大了会对世界抱有戒心。

怎么爱我们的孩子呢？就是要让孩子顺着自己的本性成长。每个孩子都不一样，他有自我实现的需求，有自我个性的特质，父母和教育者不能强求一律，更不能像赵美兰那样，强迫孩子去完成自己未实现的理想。孩子不是我们实现自己的工具，孩子是他自己。

当你能做到这些的时候就会发现，你可能已经培养出了一个了不起的、杰出的孩子,即便不是出人头地,也一定是健康、乐观、幸福的孩子。这些良好的品质中最核心的一点在于,让每个人学会为自己的人生负责。这是毋庸置疑的。

控制、独占、毁灭:《包宝宝》中蕴含的中国式家庭关系的恐怖真相

皮克斯出品的第一部由华裔女导演执导的动画短片《包宝宝》,获得了第91届奥斯卡最佳动画短片奖。这个奖的专业度自然不容置疑,我觉得有意思的是,这样一个作品确实要中国人才拍得出来,里面有完完全全的中国元素。

比如,电影里的妈妈一天到晚在忙,忙什么呢?忙着弄吃的。短片一共7分多钟,有超过一半以上时间是在弄吃的。有哪一个民族,像伟大的中华民族这样热爱食物呢?每逢佳节胖三斤,中国人所有的节日都是端坐在长辈面前吃吃吃。过年吃吃吃,元宵节吃吃吃,清明节都是吃吃吃,死人吃了活人吃。对食物的记忆刻骨铭心,成为中国人的集体无意识。孙隆基在分析中国人的深层心理结构的时候,就认为中国人还活在口腔期,我觉得挺有道理的。

电影中,包子变成了儿子,只有热爱食物的中国人才会

有如此天才的想象吧。但这其实也是一个意味深长的象征，在中国父母眼中，孩子就是宠物。

那么，食物怎么会变成宠物呢？

因为，妈妈在家里很孤单，作为人她有爱和被爱的本能需求，但没有得到满足，于是移情到了她所爱的包子上，把包子看作儿子，这是有心理学依据的。

在这个短片里，包宝宝的出现完全是因为老母亲的老年寂寞。这个包子孩子一开始就不是以独立个体身份出现的，他不是他自己，他是有用途的——绕膝承欢。

我曾经在一些公开的演讲场合问过一些妈妈，你为什么要生一个孩子？在很多地方都有妈妈告诉我，因为她从外地来到现在的城市，内心很孤单，想要一个孩子来陪伴。这当然也是理由，我很理解。只是之后的亲子相处中，如能恪守边界就更好了。

此外，从家庭权力关系来看，动画片中的妈妈之所以对包宝宝有一种强烈的占有欲，跟这位妈妈在家庭里的处境也是相关的。这是一个传统父权的家庭，家务活全是妈妈干的。妈妈在做包子、准备早饭的时候，男主人在看电视。吃早饭时，夫妻之间毫无交流，三口两口把包子吃完，男主人拎起公文包就走了。即便到了影片的末尾，一度要独立的包宝宝最终带着金发太太回家，一家人在一起仍然是在做包子。这个时候男主人在干吗？还是在看电视。

在很多中国传统家庭里，女性只是作为家庭的附庸存在。她们没有自己，只有在做家务的过程中才能刷到存在感，她们的命运就是为丈夫和孩子付出，剩下的唯一乐趣，也就是广场舞了。正因为如此，孩子对她来说才那么独一无二不可或缺，因为那是她生命全部意义的寄托。这不是女性的问题，是一个长久存在的社会问题。

是以《包宝宝》时长仅为7分40秒，在我看来却道尽了中国式家庭关系的恐怖真相，我们对孩子实行的是：控制、独占、毁灭。

因为孩子是个宠物，或者包宝宝本来就是包子这种食物变的嘛，所以，一则妈妈很爱你，一则你是妈妈的所有物。当孩子渐渐长大，小屁孩居然想要自己的独立空间了，那自然是不行的。因为，所有权属于妈妈，妈妈当然必须全面掌控你，不能容许一点点失控。所以包宝宝在自己房间打电话，妈妈是可以冲进去了解情况的，因为妈妈是全面掌控型的呀，孩子不可以有任何隐私空间。从浅层意义上来讲，这位妈妈没有边界意识，从更深的心理层面来讲，这是控制型人格的表现。

我们可以回想一下小时候写日记的故事。我懒，从不写日记，爹妈则忙于劳作养家糊口，完全没时间来刺探我的隐私。可是，有多少孩子的日记本被"熊父母"偷看过？这种偷看里，包含着多么巨大的、无法克制的控制欲啊。

妈妈对包宝宝的爱还表现为一种独占的冲动。因为是宠物、食物，所以被视同禁脔，这种爱不能分享，必须独占。这个儿子虽然是个包子，但后来居然有了自我，要跟一帮开跑车的小阿飞出去鬼混，妈妈忍无可忍，但还是允许了。但没想到包儿子最后竟然带了个金发洋妞回来，还想打点行李搬出去住。是可忍孰不可忍！

这个片子在我看来简直是个恐怖片，暗黑至极，令人心悸。孩子带了个大美女回来，这可是儿媳妇儿，妈妈的感受居然不是惊喜，不是看到儿子终于长大的欣慰，而是伤心绝望。伤心什么呢？我辛辛苦苦把你拉扯大，你现在翅膀硬了，居然不要妈妈了，儿子被抢走了。

因为没有自我，因为在家庭关系中处于依附地位，因为跟丈夫没有任何话语，总之这个妈妈没有自己的事业，生活在简单的物质之上，儿子就是她全部的、唯一的心灵寄托。所以，她对包儿子非但控制，还必须是独占的。除了包儿子，她没有任何人可以爱，也得不到任何人的爱。我不知道这位妈妈究竟是爱着一个宠物，还是爱着一个食物。

最恐怖的一幕发生了，妈妈情急之下一口把包子吃了，这种扭曲的心理逻辑，也是成立的。我最心爱的东西，若不能独占，那就将之毁灭，哪怕是我的儿子。在动画片里，这一段看起来像是在梦境中。但从深层心理结构的角度来看，梦和现实又有什么区别呢？

包宝宝在被吃掉前后，人物形象发生了巨大的、天翻地覆的变化。之前，包宝宝还是个活泼可爱、古灵精怪的小娃娃，被吞之后——不管是做梦，还是吞了再吐出来——变成了木讷拘谨近乎弱智的一个人。中国式家庭关系的真相即是如此，为了独占你，不惜摧毁你。真令人不寒而栗。

其实，哪吒只是缺少一场为期 12 天的海洋夏令营

《哪吒之魔童降世》是一部十足的国产动画片，影片表现出来的儿童观、教育观、家庭观都是地道国产的，如假包换。

其实，哪吒就是那种精力无穷、特别能折腾的孩子，整部电影讲的就是成年社会怎么通过哄骗、欺瞒、孤立、计谋乃至桎梏，让哪吒变"乖"的故事。可惜所有方法都没有用，最后落个玉石俱焚。

你说哪吒的亲人长辈不爱他吗？自然爱，哪有爹妈不爱孩子的。关键是整个影片里的爱不得法，才是酿成悲剧的根源。电影向大家展示的儿童观、教育观和家庭观带着当下时代的烙印，也带着中国传统文化的深深刻痕。电影所展现的悲剧，恰恰折射了中国式家庭教育的困境，也恰恰契合了观众之所焦虑，因此引发了极大的共鸣，卖得了极高的票房也

可以理解。

哪吒和父母之间的关系，正如当下大多数孩子和父母之间的关系。父母没时间陪孩子玩可以，但不能说话不算数。比如妈妈和哪吒踢毽子这场戏，妈妈总算挤出时间来陪哪吒玩了，这个时间就该是独属于哪吒的。那工作怎么办？工作当然很重要，但在陪伴孩子之前，不就该先托付好吗？哪怕跟孩子说好只玩30分钟，这30分钟就该是孩子独属的，不该被所谓的"捉妖大业"侵占。

这里导致哪吒炸毛的，不是妈妈不陪他，而是妈妈说话不算数。家庭教育中至关重要的一个点，就是"承诺"。父母需要为自己的承诺负责，如果空有承诺，却说话不算数，那就成了哄骗。电影中固然只有一次，但从妈妈的匆忙程度来看，从哪吒的台词来看，想必放鸽子的事情，干了不止一次。

这是不是我们当下父母的真实处境呢？说好跟孩子去踢球，老板打电话来要求去加班，这时候是继续踢球还是去加班呢？所以，在老板电话打来之前，在踢球的两个小时内，就应该关机不是吗？我不信踢完球再去加班世界就毁灭了。我们若从来跟孩子说话不算数，怎么能让孩子说话算数呢？此其一。

关于对孩子的欺骗，即便是善意的，我也觉得需要就事论事。目的从来不是理由，程序正义才是关键。为了达到一个好的目的，采用恶的方式，不知道这个目的与恶本身还有什么区别。比如太乙真人的万里江山图纯属欺骗，欺骗不是教育。孔子教学循循善诱，诱是诱导的意思，不是诱骗的意思。这个太乙真人跟江湖卖大力丸的差不多，从一开始就不靠谱，帮哪吒投胎时就不负责，教哪吒本领也不负责。他用万里江山图把哪吒困住，目的是什么呢？为的是哪吒不再惹事，为的是陈塘关百姓不再来告状，为的是李靖夫妇有几天消停日子，这是为了哪吒好吗？说实话，这都是大人的自私。此其二。

最可恶的是乾坤圈，就是那个把哪吒的超能力禁锢住的魔咒。乾坤圈的设置里有中国教育最大的奥秘，就是对孩子的不信任。我不信你能跟自己身上的超能力和平共处，我不信你能通过试错学会运用自己的超能力。孩子的能力被这个乾坤圈禁锢了，他如何能学会好好运用这个超能力呢？

影片中的乾坤圈是有形的，现实中我们是不是该好好自我反思一下，我们套在孩子脖子上的无形乾坤圈有多少？当我们怀疑孩子，当我们企图控制孩子，当我们想要以自己的方式强行管教孩子的时候，已经将无数的乾坤圈加诸孩子身上了。此其三。

这个隐喻在迪士尼动画片《冰雪奇缘》里也有。艾莎有制造冰雪的超能力，于是被禁锢在深宫中，艾莎的乾坤圈就是那只手套。艾莎的遭遇跟哪吒如出一辙，因为有超能力，所以被禁锢。因为被禁锢，所以没有机会学习如何操控自身的超能力。是以艾莎被加冕为女王得以解除禁锢，但她不懂得如何自由地使用自身的超能力，酿成了灾难，被当成女巫。

哪吒也一样，因为被乾坤圈所束缚，因为一直被禁锢在家里，他没有机会学习并成长。于是，一旦乾坤圈的禁锢被破除，哪吒爆发的全是破坏力，陈塘关几乎全毁，然后归罪于哪吒是"魔丸"投胎！

我要明明白白地告诉大家，这是整部电影最大的谎言。没有谁一出生就是混世魔王，也没有谁一出生就骨骼清奇，每个孩子都会有魔性的一面，也会有天使的一面。大家不妨去看看绘本《大卫不可以》，那个叫大卫的魔性男孩多么让人操心，但是当他熟睡后，露出了天使般的笑容。我们对儿童的理解，对教育的理解是塑造一个孩子至关重要的原则。

以上种种，折射出中国家长一个特质：我们只喜欢养一个"乖"孩子。如果这个孩子不乖，我们就会用哄骗、欺瞒等各种成年人的手段来收服他。传统的哪吒故事是个驯服的过程，新版的哪吒故事仍是这个驯服的过程，文化基因之强大，叹为观止！

即便退一万步，我们认同哪吒就是魔性男孩，他就是恶的化身，那又如何？所谓的孩子的"恶"里面，其实有无限的创造性之可能。河合隼雄的《孩子与恶》一书，讨论的正是这个主题。教育的关键在身为成年人的父母如何引导孩子，如何在自由而又有边界的环境下开展教育。只有在自由中，孩子们才能认识并学会如何操控自身的能力。

有些人会说：要是你有一个哪吒这样的娃，你倒来教育他啊？就像我们骂中国足球不行，有些人就会说，那你去踢啊。幸好这里的问题不是足球而是教育，恰好我有一点点小见解。

像哪吒这样的娃，精力无限、能量无穷，他就应该和敖丙一起去参加一个海洋夏令营。哪吒生在海边，敖丙就是龙族，在水里待着大家都开心。打水仗啊、冲浪啊、潜水啊、制造航海模型啊，什么不可以？我们不妨在海里划出一块安全区域，尽管让孩子们去兴风作浪，去释放创造力，甚或是破坏力。他们在兴风作浪中逐渐就学会了如何使用自身的超能力。当然他们也需要遵守基本规则，比如不能随便抓住水族抽筋剥皮，这是边界。所谓的自由而有边界，这个边界需要事先商定。

《哈利·波特》大家很熟悉，我特别赞赏里面的魁地奇球比赛。这就是让孩子尽情释放超能力而又在规则范围内的典范。为什么霍格沃兹学院有这个保留的球类比赛？因为这项比赛既有规则，又可以让孩子们释放自我。这样的竞技才会让我们的孩子成为野蛮而又高贵的人类。

每一个夏令营都需要有这种规则之内的竞技。成都的钥匙玩校，每次活动必然有飞盘比赛，比赛前有详尽的规则解释，比赛时有裁判公正执法。我亲眼见识过这个飞盘比赛，我觉得这就是自由而又有边界的尝试。

白鱼文化每年在覆卮山居做夏令营，有一个保留项目就是泳池或者冰川漂流里的水枪大战，也是超燃的。水枪大战核心规则有三点：不准越过中线；不准用水枪打人；不准射击岸上人员。

这样的竞技有很多好处，释放了哪吒的能量，使他的创造力有处可去；锻炼了哪吒的身体，强健了哪吒的精神；教会哪吒懂得规则之重要，知道规则保障了自己的权利，也保障了对方的权利。最终目的就是通过这样的教育，让哪吒找到天命实现自我，这才叫"我命由我不由天"。

跋

父母的觉醒
——兼谈泛 70 后父母的时代使命

缘起

2015 年,我给粲然《在幼儿园和你一起长:三五锄故事》一书的书评里,曾经写过这么一段话:

如你所知,传统中国的妈妈基本上只有三种,一种是孟子的妈妈,要搬家的;一种是岳飞的妈妈,要刺字的;还有一种是孟郊的妈妈,做衣服的。

此三种妈妈,似乎当妈的表现各异,但每当想起她们时,其形象却出奇地相似,一言以蔽之:悲情。

传统的中国妈妈几乎一直都是以苦大仇深的形象出现的,

含辛茹苦、自我牺牲以成全家庭或者孩子。然而，客观上却成了孩子身上背负的重担。这种牺牲的核心在哪里？究其根本，其实只有两个字：控制。

孟子的妈妈搬家，是为了控制对孟子的教育权；岳飞的妈妈刺字，是为了将价值观输送给孩子，乃至深入其肌理；孟郊的妈妈似乎温和一点，只是在做衣服，但其悲情杀伤力反倒更强大，游子要是真的"迟迟不归"，良心上的煎熬恐怕更甚。

身为传统中国妈妈的孩子，永远都觉得自己不孝，自我谴责不已。当然，这里并不是在责备妈妈，因为她们也饱尝痛苦，我只是想要说明，在传统中国家庭的亲子关系里，"控制"一向是不缺的。中国式妈妈含辛茹苦、自我牺牲的背后，我们发现了一种叫作"情感绑架"的东西。

朋友涂涂不太同意我对三种母亲所谓"控制"的理解，但我们达成共识的是，这三位女性除了妈妈的身份，什么也没留下。也就是说，我们的文化强化并且倾向于唯一化这种妈妈的身份与行为，结果就是有了妈妈，而失去了个人。我们的传统中对母亲有一种要求，这个要求以压抑自我为代价。

文章发表后，我又想到，这里也不能排除有爱，但这种爱里面发展出了情感绑架和情感勒索。当然，这也是有原因的，一个是在传统的中国几乎没有爱情，一个是没有自我。

没有爱情,也没有自我,只好无休止地向孩子索取。这是书评写完之后我才想到的,所以这里我想从这个角度再来聊一点自己的看法。

原则

我这篇文章的题目叫《父母的觉醒》,有这么一本同名书,我觉得这个书名很好,直接击中我的所思所想,所以就拿来用了。但我讲的可能跟这本书完全不一样,甚至相矛盾也都有可能,但这个标题是引起我震动的。

为什么"父母的觉醒"这五个字对我来说特别重要?因为这是我10多年来做父亲、做儿子、做女婿,总而言之,作为一个从传统向现代转变的时代中的中国男人,经常遭遇到的诸多问题的一个矛盾焦点。

一则,中国是一个宗法社会,我们要在家庭里重建的东西很多。而我们自己可以做并力所能及的,就是作为一代崭新的父母,我们可以自我启蒙、自我重建。如果没有自我启蒙和重建的过程,那么巴金小说《家春秋》里提出来的问题,仍然完全没有办法得到解决。就是说"五四"那一代人提出的诸如"娜拉走了以后怎么办"的问题,时至如今,我们仍未得到彻底解决。

二则,无非是我自己做父亲的一些心得。但我不是家庭教育的学者,也不是育儿的大V,我所持有的一些见解常常是一些偏见。在我年轻的时候，常被人认为偏激，如今年纪大了，变成中年人了，也不见得温和，更加一意孤行，独持偏见。但我现在一点都不在意别人的看法了，为什么呢？因为自我建立起来了。

有很多父母之所以焦虑不安，很重要的原因就在于自我的理性不够坚决。一旦身为父母难免焦虑，真的，我很理解。我也有焦虑，这个焦虑是时代性的，也是社会性的，但我们可以化解自我的焦虑，用自我的理性、清晰的教育观念来化解。一旦我们的自我独立人格建立起来了，焦虑就会减轻。

我有一本书，书名叫作《孩子，谢谢你带我认识温柔》。其实何止温柔，还有爱，还有自我，还有生命的意义与价值，在我成为父亲之后，对这一切的认识都有了颠覆性的变化。在那本书里，我讲了做父亲的心路历程，从丁克主义到资深奶爸，里面贯穿的一个原则，就是：感谢我们的孩子。

如果我不是当了父亲，我的认识不会这么深。所以我总是喜欢华兹华斯的那句名言：孩子乃是成人之父。我年轻时，最害怕结婚，害怕带小孩，觉得一把屎一把尿，这样的生活会把人搞死的，我可是文学青年啊。但是后来，父亲这个身份令我有了焕然一新的认识。

所以我对自己做父亲这件事，有三句话的评价：

第一句：孩子，教我懂了什么是温柔，什么是爱。所以我的那本书叫作《孩子，谢谢你带我认识温柔》。

第二句：孩子，拓宽了我生命的厚度和广度，重新赋予我生命以意义。这是我深为感恩的，若不是当了父亲，我的理解不可能到达这一步。很多时候有人到中年的危机感，有死亡焦虑，有虚无感，但是父亲这个身份，让我找到了力量。

第三句：育儿是一次自我疗愈的旅程。在育儿的过程中，因为我们能反思，能理性地回望自己，于是，我们身上那个童年的自我被治愈了。真的很感激，因为育儿，我看到了那个本来在幽暗深处的自己，那个胆小、羞怯、自卑、伤痕累累的孩子。因为当了父亲，我突然就有能力看到自己了，也有力量安慰自己，并且反思、克服自己的弱点，努力将一个更加阳光、开朗、平等、自由的家庭，给予孩子。

这不是你我作为父母给孩子的恩赐，这是你的使命，你必得这样做，你才是起码合格的父母。我很喜欢的学者冉云飞，有一本育儿书——《给你爱的人以自由》，我很喜欢这本书，受到的启发也很大，但对这个书名我还是有一点点疑问的，因为在我看来，自由不是你给予的，而是天赋的，你必得在家庭中守护孩子的这种自由意志。

很多年了，我一直在想泛70后一代父母的意义，之所以用"泛70后一代"，是因为这仅仅是一种描述，并不科学，我大致想描述从1965~1985这20年内出生的父母。

因为，在中国这个特定的历史时期，这一代父母的成长经历跟以往几代人截然不同。这一代父母成长在中国的改革开放时期,是第一代较为普遍的、具有现代观念的父母,主要原因有两个,一个是时代开放,另一个是普遍的教育。这与"五四"时期不一样,那时的教育不像现在这么普及,还是精英式的教育,所以70后这一代,特别不一样。

因为有自我启蒙的潜质,因为是开启自我觉醒的一代人,对个人、家庭,乃至社会有自己的看法,所以,我常想家庭教育的变革,也许就在这一代人身上。

那么,我所谓的"父母的觉醒",究竟指什么呢?我觉得有四个层面。

第一个层面　自我认识

父母,首先是一个人,一个独立个体,所以他们的第一个要务就是认识自我。为什么这么说?因为认识自我是一个人的终身任务。古希腊德尔菲神庙里就刻着这么一行字:认识你自己。我们一生都在追问这个问题,当然,你若问不到,那也算了。

具体到个人,我自己有一个误区,因为我当了父亲,就觉得从此身份不一样了,我成了父亲就要承担责任。承担责任是要牺牲自己的,所以很长一段时间里,我有一种牺牲的意识。我还要求太太也要成为一个母亲,母亲的身份需要压倒原本的自我。我自己是这样做的。但后来我渐渐觉悟了,我要把自我和父亲的身份厘清。这个蛮难的,因为两者是有机结合的。去年跟粲然说，我自我反思就是做爸爸太用力了，其实，做爸爸本是一件水到渠成的事，但我因为不想让孩子复制我的童年，于是很着形迹，反而不好。所以我也有我的问题。

但是我们需要知道：

1. 孩子很重要，我们当然需要把孩子放在很重要的位置。但也要认识到，其实对孩子最好的教育就是：做好自己，也就做好了父母。当然，持续学习如何做父母，这点是毋庸置疑的。

2. 孩子不是全部，我们还需要有自己的生活。这是自我觉醒很重要的一点，我们有自己的自由选择，有个人的生活、个人的意义之所系。所以为什么我之前不认同所列举的三种妈妈，就是因为传统中国母亲是没有自我的，而我们这一代需要有自我。这样，我们就不会把孩子绑架在我们的生活里，将来他长大了，也可以放他一条生路。同时，我们也获得自我解放。

很多父母等孩子长大了，就各种空虚寂寞冷，就是因为自我认识和自我独立没有完成。空巢老人的悲哀就在这里。前段时间，有个浙江的爸爸送女儿出国留学，说好要学成回国，不能跟老外结婚。结果女儿出国后果然爱上了老外，不肯回来。父亲伤心欲绝，说女儿不孝。我觉得孝这个词，就是一种道德绑架。归根到底，这位老爸啊，他没有自我，他生活的意义附着在孩子身上。好多家庭悲剧的本质皆在于此。

第二个层面　家庭关系

家庭关系其实分多个角度，夫妻、亲子，以及我们跟上一代的关系，以及上一代跟我们孩子的关系。

就像我前面讲到的，我们传统的中国家庭中，其实爱情很少，或者说爱情很奢侈。爱情在《诗经》里面还是有的，越到后面，封建礼法越重，女性作为整体的一个性别就渐渐消失了，成为男人的附庸。这就是男权社会的真相。一般认为，家庭是需要以爱情作为基础的。爱这个东西很神秘，看不见摸不着，但没有爱，生命就很空虚。有个绘本叫《活了100万次的猫》，这只猫因为各种原因死过无数次又都活了过来，为什么最后一次死了就没再活过来？因为有爱的人生，一次就够了。

可是在前面我们举的例子，孟母三迁、岳母刺字、孟郊报得三春晖，这里你是看不见父亲的，在家庭内没有父亲。如今有种说法叫"丧偶式育儿"，虽然刻薄，但也有几分道理。因为正如你所看到的，家庭教育中父亲总是缺位的。

父亲缺位还有一个问题，本来夫妻之间是需要有爱和关心的，但男人不在，那么女性的爱无所附丽，就全部转嫁到孩子身上。我们想想自己对孩子的爱有多少不以全部占有为代价呢？

良好的家庭关系中，父亲、母亲、孩子，三者不可或缺。南京作家章红老师有一句话说得特别好，她说，"最好的家庭教育，就是一家人在一起吃很多顿饭"。这就是一个良好的家庭，这样的家庭出来的孩子，安全感不会匮乏，而且他知道温情、幸福、完整的家庭该是什么样。所以这个意义上，我觉得让自己的家庭完整幸福，那就是最好的家庭教育。

此外，我还想讲一点，我们与自己父母之间的关系，这一点要处理好。因为我们与父母的关系就是孩子与我们的关系之镜像。为什么我们这一代很重要，是崭新的一代父母？因为我们需要在自我身上发展出一种新的、现代的亲子关系。

如果你的父亲原来是个暴君，那么，你愿意成为自己孩子的暴君吗？你的母亲是一个控制欲很强的人，那么最可怕的事情就是，你在反对母亲的过程中成了母亲一样的人，好可怕。作为一代有育儿理性的父母，我们这代人的理性在这里就要发生作用，会反思，会自我成长。这是我所认为的最为重要的一件事。

如果父母能帮我们是最好不过，但我信奉一个观点就是：孩子，首先是我们的孩子，然后才是爷爷奶奶外公外婆的孙辈，监护权是父母的，教育权也首先在父母这里。

关于家庭关系的层面。我还想说一句话，这句话有一些家长朋友不爱听。但确实是我经常被问到的一个问题：阿老师，请问夫妻之间教育观念不一致怎么办？

我很纳闷，教育观念不就是价值观的一个组成部分吗，你们三观不一样，怎么会在一起呢？

所以关键不是在家庭中彼此想着占领对方的上风，而是，如何做到接纳对方。爱，不是占有，不是控制，不是附庸，而是有独立的自我，而后，双方的互相接纳，接纳完整的对方，包括他不能够的那个方面。这才是现代人，才是现代家庭，才是现代父母。

做到以上几个方面就基本上破除家长制了。不要再成为那个爱你所以折磨你的爸爸妈妈。尊重孩子的意志爱好，从孩子的角度思考问题，尊重罗伯特议事规则，建立一种民主、平等、自由的家庭环境——这都需要从孩子小的时候便开始，不要用威权去慑服孩子，而是要说理，无论何时、无论何地，坚持说理。

夫妻关系也一样，张文质老师开玩笑说，家里谁权力大，脾气差的那个权力大。这是笑话，但是我们能协商吗？把我们自己真实的想法，开诚布公地跟对方提出来。

第三个层面 教育的变革

关于教育的变革，我们能谈的是有限的，我想谈的是我们父母自己可以触及的教育。

我曾说教育就是拼爹。无论拼爹拼妈，拼的是父母的教育观。这个时代，阶层固化严重，寒门难再出贵子。但你可以尝试，用一种面向未来的视野看待教育。这个时候，你的孩子可能会给你意想不到的惊喜。

我有个朋友开了一个游戏公司,他们公司里最厉害的设计师,其实是个厨师。在做设计师之前,他曾做了6年的厨师。他的父母就是这么规划的,让他学厨师。按照长辈的意思,家财万贯不如薄技随身,这样,这位最棒的美术设计师辛苦地做了6年厨师,直到他入职这个游戏公司。

再给大家举一个例子,就是我自己。我第一年考大学没考上,我妈认为我可以去做木匠。嗯,我其实很喜欢做木匠,做木匠也不错,现在绍兴做家装的木匠,技术口碑比较好的工人一天挣900元,一个月可以挣两三万,也算高收入了。但我现在成了一个靠儿子吃饭的人。

再举一个例子。小说家余华的爸爸是浙江省海盐县县立人民医院的院长,他给余华安排的工作是做牙医。后来,余华成了小说家。

就是说,如果我们按照传统的思维方式按部就班培养我们的孩子,我们的孩子将如何在未来世界上自处呢?还好我妈30年前没有让我去学爆米花,这个职业,现在已经消失了。不然我就进博物馆了。

未来是不可知的,所以只有一个原则,父母需要守护孩子成为他自己的权利。

郭初阳很久以前写过一篇文章,叫作《为尚未到来的社会培养新人》。

我的朋友，就是上述游戏公司的老板，在北京一届LIFE教育峰会做了一个主题演讲，题为：寻找不存在的人。

我认为这两个演讲，侧重点虽然不一样，但是核心意思是一致的，我也抱持同样的看法。教育是要面向一个不可知的未来，所以让孩子们保有学习力才最重要。

总而言之，父母的觉醒在教育变革这个层面，就是要建立崭新的教育观，不要再把孩子往公务员的唯一道路上赶，你要做爱学习的父母，要有面向未来的教育视野。

关于儿童教育，我从不认为有什么人生的起跑线。但是，你有面向未来的眼光，你有开放的教育视野，您家的娃就已经赢在"起跑线"上了。

每次，看到"熊父母"勒令孩子背起沉重的书包，假期完全被应试教育的培训班填满时，我都忍不住邪恶的喜悦，因为我家娃跟他的小伙伴们，要么在打枪战游戏，要么在骑自行车，要么在游泳，要么在外地旅行，要么在参观博物馆……如果真有起跑线的话，那么菜虫和他的小伙伴们，已经赢在起跑线上了。这就是我们为什么要做面向未来的教育的原因。

比如粲然的三五锄，这个小小的家庭幼儿园就是这么一个教育的场合，是我们所赞同的理念的一次可贵实践。请记住，不是实验，是实践。三五锄的课程都是可见的，我曾经背地里表扬粲然，说她文学青年出身，从来没有混迹教育圈，对课程这个词是什么概念也不甚了然。但是，你看三五锄的课，尤其是讲天津大火那次，非常到位，我竟然不争气地眼圈红了又红。

第四个层面　社会参与

教育当然是一个社会化的过程，我们不可能不跟社会发生关系。那么，这里有一个逻辑是可能成立的。一个人做好自己，然后建立一个好的家庭，在一定程度上就算完成了社会责任。

这个逻辑听起来跟儒家的修身齐家治国平天下好像很接近，其实有本质的不同。儒家的修齐治平是要内圣外王，诉求是成为柏拉图所谓的哲人王，成为一个权威。而我们的自我认识是要建立自我理性，认识到自己是这个大时代的小人物，是一个普通的公民，但有自己的公民责任，而非小时代里面的大人物。这个诉求是完全不一样的，儒家要成圣，而我们要成为正常的普通人。

这个社会化的过程，从我们对孩子的诉求来看，现在看起来有点超前，但这就是你作为一个知识者，作为一个有教育视野的教育者所应该拥有的前瞻性。

至少我们不是要培养一个非社会主流的孩子，更不是一个反社会的人。而是一个在现在看起来比较有前瞻性，而未来将立于不败之地，甚至引领未来时代变革的人。当然，我们也不是一定望子成龙，而是希望他做最好的自己。

结语

在北京 LIFE 教育创新峰会的家庭教育沙龙，我最后说了两句话：第一句，是育儿是一次自我疗愈的旅程；第二句是，孩子是上天赐给我们最好的礼物。这是我非常真实的感受，这也是我特别特别感激孩子来到我的世界的原因。

我们所改变的世界，是孩子们的未来。这句话是罗大佑的歌词，歌名叫作《未来主人翁》。这让人想起巴顿将军一番话。有人问巴顿将军，为什么参加"二战"，进行艰苦卓绝的战斗？巴顿将军说，"我不想将来孙子趴在膝盖上问我'爷爷，"二战"的时候你在干吗？'而我回答，'二战'啊，那时候爷爷在掏大粪"。

这个世界上，我们无能为力的事情太多了，爱是恒久忍耐而又有恩赐，可是面对这个世界我们可以做什么？我们为这个世界众多的苦难哭瞎了眼睛，苦难还是苦难。唯一的自我拯救是什么呢，就是做力所能及的事情，我们从实事当中，去收获我们存在的意义与价值。我们要自我学习，自我成长，我们一定要做足够好的爸爸妈妈，我们的孙子孙女在我们膝盖上嬉戏玩耍的时候，我们也可以很自豪地跟他们说，"孩子，爷爷奶奶曾经努力过了，那美好的仗，我曾经打过，你的爸爸妈妈是自由的，你也是自由的"。